roro
ro

Piera Sonnino wurde 1922 im italienischen Portici geboren. Sie lebte in Genua bis zu dem Zeitpunkt, als die Wehrmacht in Italien einmarschierte. Die gesamte Familie wurde verschleppt, Piera überlebte als Einzige von acht. Erst 1950 kehrte sie nach Genua zurück. 1999 ist sie gestorben. Der Bericht ihres Leidensweges erschien drei Jahre nach ihrem Tod in einer der wichtigsten Zeitschriften des Landes und erschütterte die italienische Nation.

«Ein sich steigerndes Grauen, das unerträglich wäre, wenn es nicht von der Zurückhaltung der Autorin gemildert würde, die sich nirgends vom Hass überwältigen lässt.» (Oggi)

Piera Sonnino

Die Nacht von Auschwitz

Das Schicksal einer italienischen Familie

Deutsch von Olaf Matthias Roth

Rowohlt Taschenbuch Verlag

Die Originalausgabe erschien 2004 unter dem Titel
«Questo è stato» bei Il Saggiatore, Mailand

Redaktion Werner Irro

Deutsche Erstausgabe
Veröffentlicht im Rowohlt Taschenbuch Verlag,
Reinbek bei Hamburg, Februar 2006
Copyright © 2006 by Rowohlt Verlag GmbH,
Reinbek bei Hamburg
«Questo è stato» Copyright © 2004 by Gruppo editoriale il Saggiatore
S.p.A., Milano
Umschlaggestaltung any.way, Cathrin Günther
(Foto: Maria Luisa and Bice Parodi)
Satz Dante PostScript, InDesign, bei
Pinkuin Satz und Datentechnik, Berlin
Druck und Bindung Druckerei C.H.Beck, Nördlingen
Printed in Germany
ISBN 13: 978 3 499 24135 2
ISBN 10: 3 499 24135 8

Vorwort von Enrico Deaglio

Piera Sonninos Manuskript lag im Mai 2002 im Brief-
kasten der Redaktion der Zeitschrift *Diario*. Der bekannte Journalist Giacomo Papi las es als Erster und
bezeichnete es als «außergewöhnlich». Er sollte Recht
behalten.

Vorausgegangen war eine kurze Korrespondenz per
E-Mail zwischen den Töchtern Piera Sonninos und der
Online-Redaktion der Zeitschrift, die ihre Leser und Be-
sucher aufgefordert hatte, Geschichten ihrer Eltern und
Großeltern zu erzählen.

Es waren an die sechzig Seiten, die Kopie eines maschi-
nengeschriebenen Originals mit der Datumsangabe
«Genua, im Juli 1960» und dem Titel «La notte di Auschwitz» – «Die Nacht von Auschwitz». Zweiundvierzig
Jahre lang war es als private Familienerinnerung aufbewahrt worden: die Schilderung des Lebens von acht
Mitgliedern der Familie Sonnino, italienischen Juden,
die schon lange ihre Wurzeln in Italien hatten; eine
Familie, von der einzig Piera die Deportation überlebt
hatte. Auch heute wissen wir nicht, ob dieser Text in einem Zug aufgeschrieben wurde oder ob er das Ergebnis
einer Reihe von Skizzen und Schreibversuchen darstellt.
Er weist keine Korrekturen oder Ergänzungen auf. Wir

wissen auch nicht, ob die Autorin ihn selbst getippt hat oder ob er, wie es damals üblich war, einer Schreibkraft diktiert wurde.

Diario veröffentlichte den um Fotografien und Landkarten angereicherten Text auf neununddreißig Seiten in dem Sonderheft zum Thema «Erinnerung», das am 24. Januar 2002 erschien. Die Veröffentlichung rief ein lebhaftes Echo unter den Lesern hervor, weckte das Interesse der Historiker, und etliche Personen fanden in der Erzählung Hinweise auf ihr eigenes Schicksal oder das von Verwandten.

Mehrere Aspekte sind an Piera Sonninos Bericht hervorzuheben: Die taktvolle und überaus präzise Art der Darstellung. Die Liebe zur Familie, die alles überstrahlt. Die literarische Kraft, mit der Genua, Sampierdicanne, Novi Ligure oder der Schlamm von Auschwitz beschrieben werden. Die Fähigkeit, den schlimmsten Aufruhr der Gefühle in einer genauen, behutsamen Form darzustellen. Kein Adjektiv für die Verfolger, aber unendlich viele, so scheint es, für die Helfenden. (Ein Mann, der vorübergehend ein Zimmer zur Verfügung stellt. Ein anderer, der gnädig wegsieht. Eine deutsche Frau, die Arznei bringt und dann hinter einem Fenster verschwindet.) In Italien wie überall werden mit Vorliebe die Schwächen anderer aufs Korn genommen. Piera Sonnino macht da nicht mit.

All dies ist um so außerordentlicher, bedenkt man, in welcher Zeit der Bericht verfasst wurde. Wir stehen am Ende der fünfziger Jahre, als Primo Levis *Se questo è un uomo* (*Ist das ein Mensch?*) erschien, jener Jahre, in denen viele anständige Menschen glaubten, man müsse schweigen, da die Bestie nur schlafe. Wir haben den Eichmann-Prozess in Jerusalem noch vor uns, jenes Jahr 1961, das Europa dazu zwang, von der Existenz eines Holocaust Kenntnis zu nehmen. Piera Sonnino kann jedoch bereits den «historischen Kontext» liefern, in dem der Genozid stattfand; sie zeigt, wie jene Übereinkunft, dass auch die Sonninos vollgültige Staatsbürger sind, im Lauf der Monate immer mehr ins Wanken gerät. Bei einem der raren Exkurse, die sie sich gestattet, spricht Piera Sonnino von dem römischen Zweig ihrer Familie und von dem unglaublichen Aufstieg, den die Juden dank dem Hause Savoyen erfuhren. Hinzugefügt sei: Es war ein Savoyarde, der 1870 das Ghetto öffnete, aber es war auch ein Savoyarde, der die Rassengesetze von 1938 unterzeichnete.

Dann sind da die Straßen, die Gebäude, Märkte und Straßenbahnen Genuas in den Jahren 1943 und 1944. Der Diebstahl von Pieras Tasche, der (vielleicht) das Ende der Tragödie beschleunigte. Jener Markt der Denunziation, auf dem es zuging wie auf der Börse. Die italienische Bürokratie, die sich für menschlich hielt und doch, geblendet von ironischer Höflichkeit und Brillantine, nur zu gern die Stiefel der Nazis im Studentenwohnheim leckte.

Piera Sonnino kehrte nach dem Krieg nach Genua zurück und kam (notgedrungen) wieder an jenen Straßen,

Gebäuden, Straßenbahnen und Märkten vorbei, die so unschuldig wirkten. Sie war eine von vielen, die keinen Frieden finden, wenn sie die Mauern, die Dinge, die *locations* von ehedem in scheinbarer Unschuld wiedersehen. Piera Sonnino war – danach – eine von vielen, die in der Stadt einen langen Umweg wählen, nur um nicht *dort* vorbeizukommen. Und die einen mageren Trost in den Inschriften und Gedenksteinen finden, wenn es denn welche gibt.

Piera Sonnino schrieb die Geschichte ihrer Familie nieder, ohne je an eine Veröffentlichung zu denken. Die Zeit war nicht reif dafür.

Jetzt wird aus der Geschichte ihrer geliebten Familie ein Buch, das hoffentlich mit einer Mischung aus Mitgefühl und Beklemmung gelesen wird.

Viele wissen jedoch – jene nämlich, die lieber den langen Umweg in Kauf nehmen, um nicht am Studentenwohnheim in Genua vorbeigehen zu müssen –, dass es nur ein kleiner Schritt von der Vergangenheit in die Gegenwart ist.

Die Nacht von Auschwitz

Ich heiße Piera Sonnino und wurde vor nunmehr achtunddreißig Jahren in Portici in der Nähe von Neapel geboren, als viertes von sechs Kindern meiner Mutter Giorgina, geborene Milani, und meines Vaters Ettore. Ihre 1910 in Rom nach jüdischem Ritus abgehaltene Hochzeit war ein großes Fest, wie es sich für den gesellschaftlichen Stand beider Familien gehörte, und die Zeremonie hatte mit einem Konzert geendet, bei dem eine damals sehr bekannte Sopranistin mitgewirkt hatte. Für meine Mutter, die den Mann, der nun zu ihrem Gatten geworden war, sehr liebte, und für meinen Vater stand der Beginn ihres gemeinsamen Lebens unter einem überaus glücklichen Stern.

Der Erstgeborene war Paolo; ihm folgten Roberto, Maria Luisa, ich, Bice und Giorgio. Mein Vater war ein schöner Mensch. Das einzige Foto, das ich von ihm retten konnte, zeigt ihn in jungen Jahren als Gentleman der Jahrhundertwende, elegant und selbstsicher. Er war gütig und großzügig, wie es für die Neapolitaner typisch ist. Aus bürgerlichen Verhältnissen stammend – der Minister Sidney Sonnino war ein Cousin unseres Großvaters –, bewahrte er sich sein ganzes Leben lang, bis zu jener letzten langen Nacht von Auschwitz, der Schän-

dung seines Körpers und den schrecklichen Erniedrigungen zum Trotz, jene naturgegebene Vornehmheit,
die uns stets Respekt und Scheu eingeflößt hatte. Der
Familientradition entsprechend war er Geschäftsmann,
Händler und Handelsvertreter geworden. Für diese Be-
rufe, die er je nach Geschäftslage ausübte, hatte er sich
sicherlich nur unter großen Bedenken entschieden, und
er übte sie über viele Jahre hinweg mit wechselndem
Erfolg und spärlichem Ertrag aus. Hatte er einmal eine
Glückssträhne und konnte einen geschäftlichen Erfolg
verzeichnen, kaufte er alle möglichen Sachen für unser
Zuhause, egal ob sie nützlich waren oder nicht, solange sie nur seiner Frau und seinen Kindern eine Freude
machten. Noch vor 1938, dem Jahr, in dem die Rassengesetze in Kraft traten, verschlechterten sich die Le-
bensbedingungen unserer Familie derart, dass wir Tag
um Tag in ärmlichen Verhältnissen zubringen mussten
und nur durch erstklassige Schallplatten und die neues-
ten Fotoapparate getröstet wurden. Es versteht sich von
selbst, dass jene Überbleibsel aus besseren Tagen eine
immer geringere Rolle spielten, je mehr die häuslichen
Notwendigkeiten in den Vordergrund rückten.

Meine Mutter war in Rom zur Welt gekommen, hatte
sich zur Lehrerin ausbilden lassen und war eine vorzüg-
liche Pianistin. Sie war eine erklärte Feindin von Schla-
gern, doch uns, ihren Kindern, gelang es zuweilen, sie
liebevoll dazu zu überreden, sich ans Klavier zu setzen,
Bach und Haydn einmal zu vergessen und die Lieder zu
spielen, die damals in Mode waren. Immer wieder brach

die Musik während eines fröhlichen Motivs ab, und die Noten einer Sonate flossen in das Lied ein. Mama war tief ins Spiel versunken, als fände sie diese oft melancholischen Stücke nicht in ihrem Gedächtnis, sondern vielmehr in sich selbst. Im Lauf der vielen Jahre hat sich die Liebe zu meiner Mutter dank der Erfahrung, die mich das Leben gelehrt hat, zu Verehrung gewandelt.

Heute kann ich ermessen und zumindest in Ansätzen verstehen, welchen Komplex und welche Last sie mit sich herumgetragen hat, welch zahlreiche Ängste sie viele Jahre lang peinigten, bevor das Ende kam. Meine Mutter hatte keinen extrovertierten Charakter, wie die übrige Familie auch; das Schweigen und die Kontrolle der eigenen Gefühle waren oberstes Gebot. Doch ich erinnere mich daran, wie sie in jener letzten langen Nacht in der großen Baracke in Auschwitz, als wir getrennt wurden, diese Regeln durchbrach. Ununterbrochen weinte die arme, gepeinigte Frau damals.

Paolo hatte 1940 die Prüfung zum Diplomkaufmann abgelegt. Um sein Studium zu finanzieren, hatte er arbeiten müssen. Vor allem nach dem Inkrafttreten der Rassengesetze hatte er nur sporadisch Arbeit gefunden, die überdies schlecht bezahlt war. Sein Diplom war das Ergebnis ständiger Opfer und seines ernsten und hartnäckigen Charakters. Ich glaube, dass Paolo, obwohl er der Erstgeborene war und mehr als wir anderen eine lange Phase der Ruhe genießen konnte, gestorben ist, ohne je die Liebe kennen gelernt zu haben. Bei uns zu Hause durfte über bestimmte Themen nicht geredet werden, und dazu zählte die Liebe, doch ich hätte mich wohl an eine Episode oder einen Hinweis erinnert, die Paolo betroffen hätten. Stattdessen aber sehe ich ihn vor mir, wie er erst vollkommen von der Arbeit und dem Studium aufgerieben wurde und dann von der allgemeinen Angst. Jener Angst, die auch uns, seinen Brüdern und Schwestern, die Jugend, die Liebe und sogar die Träume von der Zukunft raubte. Ab 1938 lebten wir fünf Jahre lang in einer Zeit ohne Zukunft, in einer düsteren Gegenwart, über der verwirrend und undeutlich jener Albtraum lag, der uns dann, nach dem 8. September 1943, mit seinen Klauen packte.

Mein Bruder Roberto musste im Alter von fünfzehn Jahren die Schule abbrechen und eine Arbeit annehmen. Was mein Vater verdiente, reichte damals, wie eigentlich immer, nicht aus, um unserer Familie, die seit 1925 aus acht Personen bestand, einen zumindest bescheidenen Lebensstandard zu garantieren. Robertos erster Anteil zum Lebensunterhalt waren zweihundert Lire monatlich. Roberto war ein fröhlicher, praktisch veranlagter junger Mensch voller Lebenslust. Je weniger unsere Eltern auf den Albtraum reagierten, der auf uns allen lastete, desto mehr wurde er, wenn nicht zum Angelpunkt der Familie, so doch zu demjenigen, der sich besser als jeder andere darauf verstand, die Verantwortung für sie zu übernehmen. Roberto war es, der etwas unternahm, damit wir Brot hatten, und der uns aus schwierigen Situationen heraushalf. Er war alles andere als ein nachdenklicher Mensch, und wäre er weiter zur Schule gegangen, hätte er wohl nicht denselben Erfolg gehabt wie Paolo, allerdings nicht weil er weniger intelligent war. Er war nicht so methodisch veranlagt, sondern extrovertierter, hatte einen gesunden Menschenverstand und viele Ideen.

Giorgio war der Letztgeborene. Seit er denken konnte, wuchs er mit diesem Druck auf. Die letzten neun Monate seines Lebens verbrachte er in den Mauern der Wohnung in der Via Montallegro im San-Martino-Viertel, wo wir Unterschlupf gefunden hatten. Während neun langer Monate war er von der Gesellschaft und dem Leben abgeschnitten. Seine Nerven waren zum Zerreißen gespannt, und während der Luftbombardements bekam er nervöse Anfälle, die ihn völlig auslaugten. Wir, seine Schwestern, versorgten ihn mit Büchern: Ständig bat er uns um Bücher über Geschichte, insbesondere zum Risorgimento. Er war ein intimer Kenner der Biographien Mazzinis und Garibaldis geworden. In der letzten Zeit hatte er sogar begonnen, ein Wörterbuch auswendig zu lernen, und morgens, wenn er in die Küche kam, um uns zu helfen, fragte er uns nach der Bedeutung der abstrusesten und ungebräuchlichsten Wörter, und es machte ihm einen Heidenspaß, wenn er uns damit in Verlegenheit brachte. Wir gaben ihm Gelegenheit zu langen Ausführungen, die einem inneren Bedürfnis entsprangen, und das verstanden wir, denn sich in Worten auszudrücken gab seinem Leben einen Sinn. Doch auch dies waren seltene Momente der Zerstreuung. Minute für Minute, Tag für Tag lebte er in Angst und Schrecken, neun Monate lang. Er war der Erste von uns, der ins Vorzimmer des Todes eintrat, und als der Tod schließlich hereinkam, gab er nach, ohne sich zu wehren.

Maria Luisa war die älteste von uns drei Schwestern. Ein wunderschönes Mädchen, das vom Wesen her in vielem Roberto ähnelte. Als wir in Auschwitz waren und dann später, von unseren Eltern getrennt, in Belsen und Braunschweig, wurde sie für Bice und mich zu einer Art Mutter. Fünfzehn Jahre später glaube ich noch manchmal, wenn rings um mich alles in Schweigen liegt, ihre zarte, heisere Stimme zu hören, wie sie in der Baracke für Bice und mich singt, um die absurde Hoffnung aufs Überleben in uns wachzuhalten. Eines Abends, wir waren gerade in den Braunschweiger Stall zurückgekehrt, den sich einige wenige italienische Jüdinnen mit siebenhundert ungarischen Glaubensgenossinnen teilten, kam eine Aufseherin und las eine Liste mit Namen von Deportierten vor. Maria Luisa war auch darunter. Unsere Schwester stellte sich mit den anderen Aufgerufenen an. Bice und ich glaubten, sie müsse einen zusätzlichen Arbeitsdienst leisten, wie es oft geschah. Unsere Schwester hatte keine Zeit mehr, sich von uns zu verabschieden. Wir sahen sie nie wieder.

Mehr als alle anderen Geschwister ähnelte Bice ihrer Mutter. Vor allem wegen ihres Charakters. Sie war das zweitletzte Kind und noch ganz klein, als sie nach Auschwitz, Belsen und Braunschweig kam. Vier Tage lang lag ihr Leichnam auf einer Holzbank, zuletzt ganz von

Schnee zugedeckt. Mein Vater Ettore Sonnino und meine Mutter Giorgia Milani, vierundsechzig und achtundfünfzig Jahre alt, starben in den Gaskammern von Birkenau am 28. Oktober 1944. Paolo wurde im November im Alter von siebenundzwanzig, Roberto im Alter von sechsundzwanzig Jahren umgebracht. Giorgio kam wenige Tage nach seinen Brüdern im Alter von neunzehn Jahren um. Maria Luisa wurde mit fünfundzwanzig in Flossenbürg ermordet, am 20. März 1945. Bice wurde in der Nacht vom 15. auf den 16. Januar 1945 in Braunschweig ermordet. Sie war einundzwanzig Jahre alt. Die Zahl, die der Tod in meinen Arm eingebrannt hat und die ich heute noch trage, lautet: A26699. Im September 1950, nach fünf Jahren in Erholungsheimen und Sanatorien, kehrte ich als Einzige meiner Familie ins Leben zurück.

Die ersten Vorzeichen des Albtraums erreichten uns zwischen 1934 und 1935. Ständig kamen deutsche Juden, die aus Nazideutschland verjagt worden waren, in Genua an, wo wir seit 1925 lebten, und die Gemeinde half ihnen, so gut sie konnte, indem sie sie an andere Gemeindemitglieder verwies.

Ihre Zahl wuchs so rasch, dass wir schon bald nichts mehr hatten, was wir hätten teilen können. Diese ersten Opfer des nazistischen Antisemitismus, schlecht gekleidet und ausgehungert, betraten scheu unsere Küche und dankten uns inständig, wenn wir ihnen etwas zu geben hatten. Keiner von ihnen konnte Italienisch, aber viele sprachen Französisch, und in dieser Sprache erklärten sie uns leise, so als hätten sie Angst, man könnte ihnen nicht glauben, was in Deutschland geschah: Geschäfte und Wohnungen von Glaubensgenossen wurden überfallen und verwüstet, Juden bis aufs Blut mit Stockschlägen traktiert und umgebracht; eine blinde, vorsätzliche Wut ging um. Die Berichte schienen aus einer Welt zu kommen, die der unsrigen vollkommen fremd war. Wir konnten uns niemand aus der Nachbarschaft denken, keinen Bekannten und auch niemand von den abertausend Menschen, denen wir jeden Tag begegneten, der unser Haus betreten und unseren Vater oder unsere Mutter hätte angreifen können, weil sie Juden waren. Dies sagten wir unseren aus Hitlerdeutschland verbannten Glaubensgenossen, worauf sie traurig den Kopf schüttelten. Der Nazismus ist ein Krebsgeschwür, das sich sehr langsam ausbreitet, bemerkten sie nur. Nach 1935 ließ der Zustrom auf einmal nach, und wir dachten, die Situation hätte sich irgendwie wieder normalisiert. Stattdessen hatte jedoch der Todeskampf der deutschen Juden begonnen, und dies ahnten wir ebenso wenig wie wir ahnten, dass nun jene Lager ihre Funktion aufnahmen, in denen keine neun Jahre später unsere Familie ausgelöscht werden sollte.

Der Exodus der Juden aus Hitlerdeutschland schien uns verdächtig und löste eine einstweilen noch vage Beunruhigung aus. Obwohl wir in keinster Weise am gesellschaftlichen Leben teilnahmen und weder zur einen noch zur anderen Fraktion gehörten, entging uns keineswegs, wie sehr sich italienischer Faschismus und deutscher Nazismus ähnelten und dass die beiden Diktaturen fatalerweise aufeinander zugingen. Gefühle, die uns nur undeutlich bewusst waren, Ahnungen, die wir verdrängten, so wie es viele unserer Glaubensgenossen taten, denn ein großer Teil von uns Juden glaubte, der Wunsch, nicht aufzufallen, führe tatsächlich dazu, übersehen zu werden.

In diesen Jahren verschlechterten sich die wirtschaftlichen Bedingungen unserer Familie immer mehr. Papa und Mama waren nach der Heirat erst nach Portici gezogen und 1923 schließlich mit den bereits geborenen Kindern Paolo, Roberto, Maria Luisa und mir nach Mailand. In Mailand hatten Bice und Giorgio das Licht der Welt erblickt, und diese beiden waren erst einige Monate alt, als wir uns nach einem neuerlichen Umzug in Genua niederließen. Mein Vater hatte ein Geschäft auf der Piazza Campetto übernommen, was uns gute Chancen für die Zukunft zu eröffnen schien. Drei Jahre später sah sich Papa jedoch gezwungen, wieder als schlecht bezahlter Handelsvertreter zu arbeiten. 1935 gab Roberto wie gesagt sein Studium auf und wurde Angestellter.

Aus jener Zeit habe ich eigentlich nur unangenehme Erinnerungen. Es gab zahlreiche Tage, an denen wir buchstäblich nichts zu essen hatten. Ein Eis musste uns etliche Male Mittag- und Abendessen ersetzen, das uns der schon sehr betagte Anwalt Giuseppe Fontana spendierte, wenn wir ihm zufällig in den Gartenanlagen an der Piazza Manin begegneten. Er behandelte uns wie seine Enkelinnen und hätte sich die Bedingungen, unter denen wir lebten, niemals vorstellen können. Mit allen Mitteln versuchten wir, Außenstehenden unsere Not zu verheimlichen. Wir waren sehr findig geworden, wenn es darum ging, Leuten, die nicht zum engsten Familienkreis gehörten, den Zugang zu unserem Zuhause zu verwehren, damit sie nicht feststellten, dass wir kaum noch Möbel und Hausrat besaßen. Für uns Mädchen war dies das Alter, in dem man gerne Freundinnen und Klassenkameradinnen zu sich einlädt oder diese besucht, zum Spielen, zum Lernen oder einfach nur zum Zeitvertreib. Wir durften weder das eine noch das andere erhoffen und waren gezwungen, die Beziehungen zu unseren Altersgenossinnen auf einem höchst oberflächlichen Niveau zu halten. So lernten wir, jegliches Aufwallen von Sympathie gleich im Keim zu ersticken. So viel Schüchternheit oder Scham wegen unserer elenden Lage erscheint mir heute nur noch vor dem Hintergrund des wirtschaftlichen und sozialen Dramas begreiflich, das damals zahlreiche Familien des Kleinbürgertums und der Mittelschicht betraf, zumindest jene, denen es nicht gelungen war, sich dem Regime anzupassen, oder die dies nicht wollten. Wir waren damit einverstanden, unsere tatsächliche Situation zu verheimlichen, als wäre dies normal, und hätte uns jemand gesagt, dass wir damit nicht etwa den Gesetzen des Anstands Folge leisteten, sondern Vorurteile und die Unfähigkeit, die Realität zu akzeptieren, sowie die grundsätzliche Trägheit unserer Gesellschaftsschicht förderten – wir hätten aufbegehrt. Ich als Erste. Man muss noch hinzufügen, dass wir ursprünglich aus dem Süden stammten, von wo wir unsere Traditionen und festen Gebräuche mitgebracht hatten, die für uns unabänderliche Prinzipien darstellten, und es uns daher ziemlich schwer fiel, uns in Genua zurechtzufinden oder anzupassen. Eine andere Hypothek, die auf uns lastete, war jene besondere Atmosphäre des Faschismus, die jegliche Wirklichkeit verzerrte. Der offizielle Optimismus des Regimes ließ keine wirtschaftlichen Dramen im Familienkreis zu. Da uns der Faschismus nicht besudelt hatte, sahen wir den unüberbrückbaren Graben zwischen Realität und offiziellem Optimismus nur zu gut, doch ich glaube, dass Letzterer schließlich bestimmte, was uns schicklich erschien, ohne dass wir uns dessen bewusst wurden. All diese Elemente standen am Anfang jener Phase der Isolierung unserer Familie, die ein paar Jahre später hätte enden können, als nämlich Paolo, Maria Luisa und dann neben Roberto auch ich eine Anstellung fanden. Ab 1938 wurde eine derartige Isolierung jedoch per Gesetz verordnet.

Nach 1935 hörten also die aus Hitlerdeutschland vertriebenen Juden auf, bei uns anzuklopfen. Doch genau in jenem Jahr fiel der Startschuss zu den blutigen Abenteuern des Faschismus, und der Nazismus gesellte sich ihm bei. In der Folgezeit schienen unsere ausgemergelten und zu Tode erschrockenen Besucher von ehedem in den Schlagzeilen des Kriegs auf der Titelseite der Tageszeitungen aufzutauchen, und ihr Vorhandensein, so verschwommen es auch war, weckte undeutliche Ängste in uns, die wir einander verschwiegen.

In der Zwischenzeit gelang es unserer Familie, ihre wirtschaftliche Situation einigermaßen zu stabilisieren. Paolo fand eine Stelle bei der Versicherungsgesellschaft Generali in Venedig, Roberto beim Istituto Nazionale delle Assicurazioni und Maria Luisa beim staatlichen Bananen-Importeur. Giorgio studierte am Istituto Tecnico Tortelli, und Bice und ich an der Handelsschule Regina Elena.

Dann traten mit einem Mal die Rassengesetze in Kraft, im August 1938. Einige Zeit vorher hatte die faschistische Regierung erklärt, in Italien gebe es keine «Judenfrage». Das Ereignis traf uns völlig unvorbereitet. Unser Haus wurde gleichsam von einem Blitzschlag getroffen. Innerhalb weniger Tage wurden Paolo, Roberto und Maria Luisa gekündigt. Im Oktober mussten Giorgio, Bice und ich die staatlichen Schulen verlassen und uns an der jüdischen Schule einschreiben. Ich war damals sechzehn, also in einem Alter, in dem der Verstand bereits geweckt und man zu einer kritischen Betrachtung des Lebens in der Lage ist. Meine Schwestern und ich waren nach Prinzipien erzogen worden, die uns jeden Kontakt mit Gleichaltrigen, mit der Gesellschaft und mit der Außenwelt verwehrt hatten. Was Familienangelegenheiten anging, so ließen unsere Eltern uns im Unklaren, und für gewöhnlich sprachen sie auch in unserer Gegenwart nicht über einfachste häusliche Dinge. Es mag unwahrscheinlich klingen, aber ich weiß nicht, was meine Geschwister damals verdienten. Unsere täglichen Angelegenheiten und auch diejenigen, die sich jenseits des magischen Zirkels der Familie ereigneten, waren schicksalhafte Ereignisse, nach deren Ursache zu suchen müßig war.

Meine Familie war lammfromm und engelsgut, lieber ließ sie sich zu Unrecht beschimpfen, als andere anzuklagen. Ihr war nur daran gelegen, auf dieser Erde so wenig wie möglich aufzufallen oder Platz zu beanspruchen. Auch an jenem Abend, als Paolo, Roberto und

Maria Luisa erzählten, dass sie entlassen waren, beklagten wir uns nicht und zogen es vor, in aller Stille über der schrecklichen Ungewissheit der Zukunft zu brüten. An die Geschehnisse jener Tage habe ich nur noch seltsam verworrene Erinnerungen.

Als Pessimist wurde Papa bewusst, dass seine von jeher nicht sonderlich erfolgreichen Geschäftsbeziehungen nun vollkommen zum Erliegen kommen würden. Mama, die sich in ein verzweifeltes Schweigen hüllte und vielleicht mehr als alle anderen ahnte, was für eine kurze Zeitspanne uns nur noch beschieden war, alterte innerhalb weniger Tage um Jahre. Roberto und Maria Luisa schienen am optimistischsten und spornten uns alle mit ihren Worten an. Doch neben all den oberflächlichen Sorgen spürten wir auch tief in unserem Inneren, dass bald etwas Schreckliches losbrechen würde. Es war, als hätten unsere Besucher von 1934 und 1935 eine klebrige Spur hinterlassen, die sich immer deutlicher abzeichnete. Hitlerdeutschland, das uns so weit weg vorgekommen war, begann sich auf einmal mit italienischem Boden zu vermischen, dem Boden, der uns und unsere Ahnen hervorgebracht hatte. Die Wirklichkeit, die wir immer zu ignorieren versucht hatten, ergriff unaufhaltsam und gnadenlos von uns Besitz.

Auf die ersten Diskriminierungen und Verbote folgten bald weitere. In jenem August und auch in den folgenden Monaten verging kein Tag, an dem in den italienischen Zeitungen nicht etwas über ständig neue Sanktionen zu Lasten von uns Juden gestanden hätte.

Von Tag zu Tag wurde unsere Freiheit immer mehr eingeschränkt.

Was unsere Anspannung noch verstärkte, waren Nachrichten, dass zunehmend jüdische Familien Italien verließen. Etliche unter ihnen emigrierten nach Frankreich, in der trügerischen Hoffnung, dort in Sicherheit zu sein. Ein Jahr später war ganz Europa für die Juden zu einem Grab geworden, egal wo sie sich befanden. Am meisten Glück hatten diejenigen, denen es gelungen war, nach Nord- oder Südamerika auszuwandern.

Je mehr Dokumente in jenem Sommer 1938 veröffentlicht wurden, die uns zu Untermenschen degradierten, und je mehr Gewicht die Rassenkampagne bekam, vor allem durch Zeitungsartikel und Aufsätze, die auch von solchen Leuten verfasst wurden, die sich als Wissenschaftler bezeichneten, und von solchen, die sich noch heute zu Fürsprechern jener «Zivilisation» machen, der man damals gerade ein vollkommen neues Etikett aufgeklebt hatte, umso häufiger gingen wir aus, um verschüchtert und misstrauisch jene Leute zu beobachten, mit denen wir Umgang hatten und zu denen wir gehörten. Beinahe befürchteten wir, die antisemitische Kampagne könnte auch beim Mann auf der Straße uns gegenüber feindliche Reaktionen hervorrufen. Auch meine Brüder hatten anfangs diese Befürchtung. Doch stattdessen bemerkten wir nicht nur zu jener Zeit, sondern vor allem in den darauf folgenden Jahren eine stumme, aber effiziente Hilfsbereitschaft. Die antijüdischen Maßnahmen führten in der Regel zu neuen Res sentiments gegenüber der faschistischen Diktatur und zu Sympathiebekundungen für uns, wie wir sie so noch nie erfahren hatten. Dies beweist die Tatsache, dass im Herbst, der auf diesen Sommer der Angst folgte, Paolo eine Anstellung bei der Firma Fratelli Schiavetti fand, Roberto bei der Firma Terracini und Maria Luisa zuerst in der Kanzlei Greco, dann bei Sciarretta und Medina. 1941 bekam dann ich – da ein deutscher Jude in ein Konzentrationslager in Montefiascone gesperrt worden war – eine Stelle bei der Firma S. A. I. C., im Besitz der Herren Morelli und Ginepro. Jeder von uns musste bei der Arbeitssuche angeben, dass er Jude war, doch rief dies – abgesehen von ein paar ganz «Vorsichtigen» – bei den meisten antifaschistische Äußerungen hervor, die oft im Tonfall desjenigen hervorgebracht wurden, der froh war, endlich jemand gefunden zu haben, dem er sein Herz ausschütten konnte.

Dass die Tragödie der italienischen Juden auch nach dem 8. September 1943 nicht die dramatischen Ausmaße annahm wie anderswo unter unseren Glaubensgenossen, lag an der wunderbaren menschlichen Charakterstärke unseres Volkes. Ich glaube, dass mein Bericht wichtiger sein könnte als andere, weil ich im Laufe jenes Jahres, das wir, unweigerlich auf den Abgrund vorrückend, von dem Albtraum bedrängt und gepeinigt im Untergrund zubrachten, die Bedeutung dessen, was ich gleich erzählen werde, ermessen lernte. Ich höre noch genau jenen armen Bauern aus Sampierdicanne, in der Nähe von Chiavari, wohin wir geflüchtet waren, der immer wieder sagte, die Welt bestehe nicht aus Juden und Nichtjuden, sondern aus Reichen und Armen, aus Leuten, die alles besitzen, und solchen, die nichts haben, aus Menschen, die die Erde beackern und nicht in den Genuss ihrer Früchte kommen, und solchen, die sie nicht bearbeiten und dennoch die Ernte für sich beanspruchen. Diese alte Weisheit habe ich verinnerlicht, und ich bin überzeugt, dass sie auf alle Völker zutrifft. Ich als italienische Jüdin habe den Wert dieser Worte am eigenen Leib erlebt, als mein bloßes Dasein ein Delikt darstellte, das nur mit dem Tod bestraft werden konnte.

An jenem Tag, und dies war das erste Mal, wurde Paolo von den Abteilungsleitern der Firma, bei der er arbeitete, nach Novi Ligure geschickt. Nachdem er seinen Auftrag ausgeführt hatte, kam er mich im Büro besuchen. Ich war so sehr von seinem Kommen überrascht, dass ich ihn beinahe nicht erkannt hätte. Als ich dann Feierabend machte, stellte ich ihn meinem Kollegen vor und ging mit ihm aus. Ich freute mich wirklich, dass er so unverhofft gekommen war, und hatte nur Bedenken, Paolo wolle womöglich sehen, wie ich mich in Novi eingerichtet hatte, wohin der Firmensitz der S. A. I. C. wegen der ständigen Bombardements in Genua verlegt worden war. Ich hatte meinen Vater beknien müssen, damit er mich mit den Herren Morelli und Ginepro ziehen ließ. Vor einiger Zeit war meine Familie nach Sampierdicanne, wenige Kilometer von Chiavari entfernt, evakuiert worden, und ich sah mich gezwungen, die ganze Woche über von den Meinen getrennt zu leben. Ich brach montags im Morgengrauen von Chiavari auf und kehrte am folgenden Samstagabend dorthin zurück. In den Stunden, die ich im Familienkreis verbrachte, gab Papa sich alle erdenkliche Mühe, mich davon zu überzeugen, die Arbeit aufzugeben und wieder nach

Hause zurückzukehren. Für ihn war es bereits etwas Besonderes, dass zwei seiner Töchter arbeiteten, aber dass eine von beiden an sechs von sieben Tagen auch noch weit fort war, überstieg seine Vorstellungskraft. Seit geraumer Zeit konnte Papa gar nichts mehr tun und nahm jedes Opfer auf sich, um nicht durch seine Situation die der gesamten Familie zu verschlimmern. Er war nicht mehr derjenige, den ich in Erinnerung hatte: Seine Physiognomie war noch dieselbe, doch er war unheimlich stark gealtert. Uns kam es so vor, als hätte meine Mutter keine sechs, sondern sieben Kinder – und er wäre das siebte. Nur zu gern hätte ich darauf verzichtet, allein in Novi Ligure zu leben, doch war meine Familie auf meinen Lohn angewiesen. Überdies brauchte ich nur meine Mutter anzusehen, während Papa vor sich hin jammerte, und ich wusste, wie notwendig es war, dass ich auch weiterhin arbeitete. Nach und nach hatte ich Papa beruhigen können, indem ich ihn davon überzeugte, dass ich in Novi Ligure gut untergebracht sei und es mir an nichts fehle. In Wirklichkeit bestand die gesamte Belegschaft der S. A. I. C. in Novi aus meinem Kollegen, Signor Martelli, und mir. Signor Martelli war mit seiner Familie dort hingezogen und wohnte in einem dementsprechend großen Zimmer. Ich hatte ein Zimmer unterm Dach, ein winziges Zimmerchen mit niedriger, schräger Decke. Ich beklagte mich jedoch keineswegs, denn im Grunde genoss ich eine größere Unabhängigkeit als je zuvor, und nachdem der Schock der Anpassung erst einmal überwunden war, fand ich sogar die seltsame Position des Betts angenehm, von dem aus ich die stark abfallende Deckenschräge betrachten konnte. Niemand, nicht einmal Paolo, hätte zu schätzen gewusst, was ich mein kleines Reich nannte. Daher fürchtete ich, Paolo könne nach einem Blick auf meine Mansarde entsetzt nach Hause zurückkehren und so bewirken, dass ich auf der Stelle zurückbeordert wurde. An all das erinnere ich mich genau, weil es mir in jenen letzten Stunden des 8. September 1943 so große Sorgen bereitete.

Es gelang mir, Paolo von meiner Wohnung abzulenken, und wir gingen in einer kleinen Trattoria essen. Wir hatten gerade zu essen begonnen, als im Radio die Nachricht vom Waffenstillstand kam.* Es war noch hell, und die Leute bummelten durch die Straßen von Novi. Auf einmal aber schienen die Stadt und ihre Bewohner wie von einer Lähmung befallen: Schweigen breitete sich aus, während der Sprecher das Bulletin verlas. Ich hörte genau zu, begriff jedoch nur, dass der Krieg vorbei war und wir morgen nicht mehr angstvoll zum Himmel schauen mussten, weil die Bombardements aufgehört hatten und mit ihnen zugleich der Albtraum. Ich konn-

---

■■ Nach der Eroberung Siziliens durch die Alliierten im Juli/August 1943 war es nach Geheimverhandlungen zu einem Waffenstillstand zwischen Italien und den Alliierten gekommen. Die deutschen Gegenmaßnahmen bestanden u. a. in der Besetzung Roms und in der Entwaffnung oder Gefangennahme der italienischen Truppen. Erst Ende April 1945 kapitulierten die deutschen Streitkräfte in Italien.

te Paolo nicht verstehen, der da vor mir saß, mit immer angespannterem, besorgtem Gesicht. Als der Sprecher geendet hatte, ging in der Osteria und auf den Straßen ein großes Geschrei los. Ein Tumult. Paolo schob den Teller beiseite und stand auf.

«Du musst sofort mit mir kommen», sagte er zu mir. «Wir müssen auf der Stelle nach Hause fahren.»

Ich fragte ihn, weshalb.

«Uns droht Unheil», antwortete er.

«Der Krieg ist doch zu Ende», wiederholte ich.

«Nicht für die Deutschen», sagte mein Bruder.

Ich hatte den Eindruck, er wisse da etwas, das er mir nicht mitteilen wollte. Ich spürte das Bedürfnis zu singen und zu schreien, so wie die Menschen um uns herum. Paolo fragte mich, wo um diese Uhrzeit meine Chefs zu finden waren. Wir gingen ins Büro, wo wir lediglich Signor Morelli vorfanden, der noch in die Arbeit vertieft war. Auch er hatte im Radio die Nachricht vom Waffenstillstand gehört. In wenigen Tagen würden die Alliierten Italien besetzen und die Deutschen verjagen, sagte er. Mein Bruder eröffnete ihm seinen Beschluss, mich zu meiner Familie zurückzubringen. Signor Morelli fand das reichlich übertrieben.

«Was auch geschieht, Signorina Sonnino geht nicht das geringste Risiko ein, wenn sie bei uns bleibt.»

Mein Bruder gab nicht nach. Für die Deutschen sei der Krieg noch nicht zu Ende, wiederholte er, und es heiße, sie nicht zu kennen, wenn man glaube, sie gäben das Spiel in Italien so leicht auf. Morelli erwiderte, in

Italien seien genügend Divisionen von unseren Soldaten stationiert, die in der Lage waren, den Deutschen
Paroli zu bieten. Paolo wünschte ihm und sich selbst,
dass seine Vorhersagen tatsächlich eintreffen mögen.

Wir verabschiedeten uns von meinem Chef, den ich
nie wiedersehen sollte. Ich packte meine wenigen Sachen zusammen, und wir brachen sofort nach Sampierdicanne auf. Die während der Reise aufgeschnappten
Gesprächsfetzen, die Atmosphäre im Abteil, das Chaos,
das ich auf den Bahnhöfen bemerkte und das Auftau-
chen von uniformierten Deutschen an Orten, an denen
ich nie zuvor welche gesehen hatte, ließen auch mich
allmählich zu der Überzeugung kommen, dass mein
Bruder ganz und gar nicht mit seinen Befürchtungen
übertrieben hatte.

Als wir in Sampierdicanne angelangt waren, fanden
wir unsere Familie in höchster Besorgnis vor. Von Chiavari und Genua kamen immer neue Meldungen über
die bedrohlichen Manöver der deutschen Truppen
und über erste italienische Abteilungen, die versprengt
worden waren. Noch auf dem Weg nach Hause sahen
wir zahlreiche Soldaten, die um Zivilkleidung baten.
Einer von ihnen erzählte, die anderen Offiziere seien
bereits untergetaucht. Mitten in der Nacht wurde das
Gerücht laut, die Kasernen in Genua seien bereits unter deutscher Kontrolle und die italienischen Soldaten,
denen es nicht gelungen war zu fliehen, befänden sich
in deutscher Kriegsgefangenschaft. Es war unmöglich, eine Bestätigung dieser vielen Nachrichten und

Gerüchte zu bekommen, auch weil sie sich zum Teil widersprachen. Es hieß, die Gebirgsjäger seien unterwegs, um uns zu befreien. Bereits in jener Nacht wurde man jedoch den Eindruck nicht los, sämtliche Strukturen, die uns bislang das Leben erleichtert und auf die wir uns eingestellt hatten, befänden sich in völliger Auflösung.

Mein Vater und meine Brüder diskutierten bis zum Morgengrauen und beschlossen, dass wir unbedingt Sampierdicanne verlassen und uns einen sicheren Unterschlupf suchen mussten. Während ich diese Zeilen schreibe, habe ich den Eindruck, dass wir in jener Nacht unwillentlich einen Prozess zu Ende führten, der nun in uns ausgereift war. Ohne uns dessen bewusst zu sein, hatten wir seit 1938 und vielleicht auch schon früher, seit wir Zeugen der ersten antisemitischen Vorfälle geworden waren, gewusst, dass der Augenblick kommen würde, in dem wir fliehen mussten, und im Grunde hatten wir uns darauf wie auf ein unausweichliches Schicksal vorbereitet.

Die Auswirkungen der Katastrophe zeigten sich am folgenden Tag in vollem Umfang: Nun beherrschten die Nazitruppen die Lage. Auf den Bahnhöfen und an den Straßen machten sie Jagd auf italienische Militärs. Binnen weniger Stunden hatte sich Chiavari völlig verwandelt. Am Abend kehrte Maria Luisa mit noch dramatischeren Neuigkeiten aus Genua zurück.

Unsere Stadt war eingenommen worden, die nackte Angst regierte dort.

Unsere Lage schien verzweifelt. Als Juden waren Paolo und Roberto vom Militärdienst freigestellt, doch die Deutschen hätten sie als versprengte Soldaten festnehmen können – und in diesem Fall hatten sie weit Schlimmeres als Gefangenschaft zu erwarten. Wir hätten falsche Pässe gebraucht, doch weder mein Vater noch meine Brüder wussten, wie wir sie uns beschaffen sollten. Wir kamen uns vor wie ein Hase, den die Hundemeute aufs offene Feld gescheucht hat und der nun plötzlich keine Deckung mehr hat. Die Zeit der Illusionen war endgültig vorbei, und nun, wo die Deutschen die Herren über unser Land waren und damit auch über unser Schicksal, wussten wir zumindest andeutungsweise, was uns erwartete.

Zunächst beschlossen wir, dass die Männer zu Hause bleiben sollten, während wir Frauen einen gemeinsamen Fluchtweg auskundschaften wollten. In den folgenden Tagen erfuhren wir zweimal jene menschliche Solidarität, die uns bis dahin Halt gegeben hatte; zweimal wurde uns eine Lösung angeboten, die uns das Leben hätte retten können.

Maria Luisa pendelte nach wie vor nach Genua; sie war die Einzige, die noch ihre Arbeit hatte. Ende September war es zwingend notwendig, dass wir Sampierdicanne verließen, denn das Gebiet war für meine Brüder zu gefährlich geworden. Maria Luisa sollte daher kündigen. Signor Sciarretta, der Anwalt, zeigte volles Verständnis für unsere Besorgnis und sagte zu ihr, wenn wir wollten, würde er uns einen sicheren Unterschlupf besorgen. Dazu mussten wir nach Termini* gelangen und uns dort an einen Bruder von ihm wenden, der uns aufnehmen würde. Er wusste über unsere prekäre wirtschaftliche Situation Bescheid und würde uns auch das Geld für die Reise zur Verfügung stellen.

Als Maria Luisa nach Hause kam und uns Bericht erstattete, stießen wir alle einen Seufzer der Erleichterung aus. Ein Hoffnungsschimmer zeichnete sich ab, der, so schwach er auch war, doch eine größere Sicherheit als unsere derzeitige Situation versprach. Wir begannen, voller Begeisterung über die Reise und das, was uns in Termini erwartete, zu debattieren. Mama hörte uns schweigend zu und bemerkte dann ganz ruhig, dass dies für unsere Brüder ein großes Risiko bedeutete. Paolo, Roberto und Giorgio liefen Gefahr, von den Deutschen geschnappt zu werden, sobald sie einen Fuß vor die Tür setzten.

Paolo und Roberto stimmten Mutter zu und schlugen vor, dass wir uns trennten. Unsere Eltern und wir drei

---

✱▬ Es handelt sich um den einzigen unklaren Passus im Manuskript. Pieras Tochter Bice erinnert sich vage daran, dass ihre Mutter von einer Arbeit in Terni erzählte, mit der Ettore Sonnino nicht einverstanden war. Terni wurde im Juni 1943 von den Alliierten befreit. Es kann sich daher unmöglich um den Ort handeln, auf den Piera sich bezieht, da dieser zwischen Ende September und Anfang Oktober befreit wurde. Wahrscheinlicher ist es, dass mit dem im Text genannten Ort Termoli in der Provinz Campobasso gemeint ist, die damals zur Region Abruzzen-Molise gehörte und am 3. Oktober 1943 von Montgomerys VIII. Armee erobert wurde.

Schwestern sollten nach Termini aufbrechen, während Paolo, Roberto und Giorgio versuchen sollten, in die Schweiz zu gelangen. Meine Brüder wussten wie wir alle, dass seit dem 8. September quasi aus dem Nichts eine besonders effiziente Organisation entstanden war, die Juden in die Schweiz brachte. Vielleicht hatte sie sich auch bereits während der Besatzung Italiens formiert. Das Zentrum dieser Organisation war Mailand. Natürlich brauchte man Geld, einmal, um über die Grenze zu gelangen, und dann, um in der Schweiz leben zu können. Wir besaßen keines, und obwohl uns dieser Fluchtweg bekannt war, hatten wir ihn nie in Erwägung gezogen. Doch was noch schwerer wog als Geldmangel, war der magische Einfluss der Familie und unserer gewohnten Umgebung. In die Schweiz zu gehen hätte ein viel zu gefährliches Abenteuer, eine unvorstellbare Entwurzelung bedeutet. Ich glaube, das ist der Grund, weshalb wir uns ein Jahr lang beinahe im Kreis bewegten und eigentlich immer am gleichen Ort verharrten und darauf warteten, dass sich unser Schicksal erfüllte. Heute mag einem das geradezu absurd vorkommen, wenn nicht gar kindisch, aber so war es eben.

Paolo und Roberto waren überzeugt, in der Schweiz auch ohne Geld zurechtzukommen. Zusammen mit Giorgio hätten sie drei Paar kräftige Arme, sagte Roberto, die für drei hungrige Mägen schuften konnten.

Mama und Papa sprachen sich entschieden gegen diese Lösung aus. Mama behauptete, das Risiko, das unsere Brüder auf dem Weg in die Schweiz eingingen, sei nicht geringer als jenes auf der Strecke von Genua nach Termini. Vielleicht war es sogar größer. Sie würde es sich nie verzeihen, sagte sie, womöglich sich selbst in Sicherheit gebracht zu haben, während sie ihre drei Söhne dem Schicksal überlassen hatte. Dann begann sie zu weinen, als stelle sie sich bereits vor, wie sie sich weit weg von ihren Kindern vor Kummer verzehrte. Papa dagegen erklärte, einer potenziellen Gefahr müsse man gemeinsam ins Auge sehen. Und zwar überall. Paolo und Roberto widersprachen. Seit ein paar Jahren lebte eine Schwester unserer Mutter bei uns, Tante Anna Milani. Wir waren eine Familie von neun Personen, ein Heer, wie Roberto uns beschrieb. Zusammen aufzubrechen, so meinte er, sei irrsinnig. Ein zweiter Auszug werde nicht unbeachtet bleiben. Unter Papas Führung hätten wir fünf Frauen gute Chancen, unversehrt in Termini anzukommen und dort das Ende des Krieges abzuwarten. Wir redeten und redeten, und am Ende setzte sich Mama durch: Wir wollten versuchen, gemeinsam nach Termini zu gelangen.

Maria Luisa ging wieder zu Sciarretta, um ihm unseren Entschluss mitzuteilen. Der Anwalt ließ sie gar nicht erst ausreden: Termini war am Vortag von den Alliierten besetzt worden. Er breitete die Arme aus und sagte, er habe uns diese Möglichkeit ja rechtzeitig angeboten. Wir stürzten wieder in tiefe Verzweiflung.

Sampierdicanne und die ganze Umgebung von Chiavari wurde unablässig von den Truppen der Nazis und der Faschisten durchkämmt. Unsere Brüder lebten in ständiger Gefahr. Maria Luisa ging noch einmal zu Sciarretta. Dieser zeigte sich verständnisvoll und schlug ein Kloster in den Abruzzen vor, dessen Abt er kannte. Erneut bot er uns Geld an. Wir begannen wieder zu diskutieren, und diesmal, vor dem Hintergrund der ersten Erfahrung, auch darüber, was wir tun sollten, falls das Gebiet in den Abruzzen, das der Anwalt vorgeschlagen hatte, besetzt würde, bevor wir dort ankamen. Falls die Besatzer uns tatsächlich auf der Reise dorthin überraschten, was hätten wir dann getan? Schließlich verwarfen wir auch diese zweite Rettungsmöglichkeit.

Ende September, Anfang Oktober war klar, dass wir, sofern wir auch nur einen Tag länger in Sampierdicanne blieben, Gefahr liefen, den Deutschen in die Falle zu gehen. Mehr als einer im Ort wusste, dass wir Juden waren. Roberto beschloss, eine Arbeitskollegin um Hilfe zu bitten, Signora Maria Luisa Bancalari. Er setzte sich über Mamas Einwände hinweg, die sich wegen seiner Fahrt nach Genua Sorgen machte, besuchte die Kollegin und kehrte mit der Nachricht zurück, Signora Bancalari habe mit Hilfe ihres Dienstmädchens eine Bleibe im Trebbiatal für uns gefunden, in einem Dörfchen in der Nähe von Rovegno. Ungeduldig warteten wir ein paar Tage, bis Signora Bancalari uns endlich mitteilte, im einzigen Hotel von Pietranera di Rovegno, das seit Monaten geschlossen war, stünden einige Zimmer für uns bereit. Außerdem würde uns ein Bauer eine Küche zur Verfügung stellen. Eines Morgens packten wir unsere Sachen auf einen Karren und machten uns zu Fuß auf den Weg nach Chiavari. Um uns versammelten sich etliche Neugierige, die voller Anteilnahme dem Aufbruch «der jüdischen Familie» zusahen. In ihrem Blick lag etwas, das ich nie vergessen werde. Ich bin mir sicher: Hätten meine Brüder sie darum gebeten, so hätten sie uns ganz bestimmt dabei geholfen, die Koffer auf den Karren zu laden, und uns allen die Hand geschüttelt, sofern wir sie ihnen nur hingehalten hätten. Während wir uns entfernten, mussten wir an diese Leute denken und daran, dass keiner von ihnen – obwohl es ihnen zweitausend Lire eingebracht hätte – uns denunziert hatte. Bescheidene Leute, unbekannte, bitterarme Leute ließen wir da zurück, Leute, die nichts besaßen und uns ein paar Monate Leben geschenkt hatten.

Unterwegs nach Pietranera gab es ständig Alarm, es war beängstigend. Überall deutsche Soldaten und Republikaner. Es waren qualvolle Stunden für uns und mehr noch für unsere Brüder, die von einem Moment zum anderen geschnappt werden konnten.

In Pietranera war es bereits Herbst. Das Laub war gelb, und auf den Wiesen zeigten sich zwischen dem satten Grün graue und braune Flecken. Erste Winde fegten durch das Trebbiatal. Das kleine Hotel war wesentlich bescheidener, als wir gedacht hatten. Es schien schon seit Jahrhunderten nicht mehr bewirtschaftet zu sein. Wir richteten uns so gut wie möglich in den Zimmern ein, die man uns zugewiesen hatte. Nun begann ein Leben, das sich vollkommen von unserem bisherigen unterschied. Wir hatten absolut nichts zu tun. Solange es ging, durchstreiften wir die Wälder, stets auf der Hut, damit wir nicht die Aufmerksamkeit von Fremden auf uns zogen. Abends gingen wir früh schlafen, und ich erinnere mich noch an meine beschwerlichen, traumlosen Nächte. Wir Mädchen bereiteten die Mahlzeiten in der Küche zu, die ein paar hundert Meter vom Hotel entfernt war. Diese Mahlzeiten waren ganz schlicht: Polenta, getrocknete oder gerade von den Bäumen herabgefallene Kastanien, Kastanienmehl. Kartoffeln waren ein Luxus, und wenn es ab und an welche zu essen gab, so verdankten wir dies Roberto, der die Höfe und Dörfer in der Umgebung durchstreifte. Mehr als einmal schickte uns Signora Bancalari Päckchen mit Pasta und anderen Vorräten, es waren wahre Festtage für uns.

Unsere Anspannung hatte sich jedoch keineswegs gelegt. Ständig waren wir im Alarmzustand. Das Gebiet wurde beinahe täglich von deutschen Truppen durchkämmt, die auf die Berge zusteuerten. Jedes Mal, wenn wir sie kommen sahen, verließen wir das Hotel oder die Küche und versteckten uns im Wald. Eines Tages flüchteten wir, weil wir eine Gruppe Uniformierter erblickt hatten. Als wir wieder zurückkamen, erfuhren wir, dass es sich um englische Soldaten gehandelt hatte, die aus einem Gefangenenlager geflohen waren. Niemand sagte uns, weshalb sie an Pietranera vorbeigekommen waren. Ohne es zu ahnen, lebten wir über einen Monat lang am Rand eines Gebiets, das zu einem guten Teil von Partisanen kontrolliert wurde. Die Rettung war ganz nahe, und wir wussten es nicht. Erst als ich wieder dort hinkam, erfuhr ich, was diese Berge rings um uns bargen. Und ich erfuhr, welche Beziehungen zwischen den Bergen und den Bauern bestanden, die auch uns durch ihr Schweigen schützten.

Der Winter kam plötzlich und mit Macht. Im Hotel war es nicht möglich, Feuer zu machen, und so gewöhnten wir uns daran, in der Küche zu leben, wo ununterbrochen ein Feuer in dem großen Herd glühte. Wir fanden, dass wir alles in allem doch Glück hatten.

Die Aufforderung des Hauptmanns von der Dienststelle der Carabinieri traf uns völlig unvorbereitet. Er bat einen von uns zu sich zum Gespräch. Zuerst waren wir starr vor Entsetzen, doch Roberto wies uns darauf hin, dass sie uns, hätte es sich tatsächlich um das gehandelt, was wir befürchteten, ohne Aufforderung und vorherige Ankündigung gefangen genommen hätten. Wahrscheinlich wollte er nur eine Auskunft, da wir schon seit geraumer Zeit in Pietranera waren und uns nicht angemeldet hatten. Es wurde beschlossen, dass Roberto selbst zu dem Hauptmann gehen sollte. Also zog er eines Morgens bei Schneetreiben los und kehrte gegen Mittag zurück. Jede Spur von Optimismus war aus seinem Gesicht gewichen. Wir scharten uns in der Küche um ihn, und er erzählte uns, was vorgefallen war. Der Hauptmann hatte sich als entgegenkommend erwiesen. «Sie können sich denken, was für ein Risiko meine Männer und ich eingehen, indem ich Sie einlade herzukommen», hatte er zu ihm gesagt. «Wir wissen seit einiger Zeit, dass Sie und Ihre Familie Juden sind. Leider sind wir nicht die Einzigen, die das wissen. Das Gerücht hat die Runde gemacht. Wenn die Deutschen davon Wind bekommen, werden auch wir zur Rechenschaft gezogen, weil wir keine entsprechende Meldung gemacht haben. Natürlich werden wir Sie nicht dem deutschen Kommando ausliefern. Allerdings müssen Sie Pietranera in Ihrem eigenen Interesse verlassen. Ich kann Ihnen nur raten zu gehen, mehr kann ich nicht für Sie tun.»

Roberto hatte ihn um ein paar Tage Aufschub gebeten, und der Hauptmann hatte zugestimmt. Roberto aß zu Mittag und machte sich dann sofort auf die Suche nach einem neuen Unterschlupf in einem anderen Dorf. Er sagte, er würde sich als Evakuierter aus Genua vorstellen, der eine Unterkunft für seine Familie suche. Der erste Bauer, an den er sich wandte, sagte, er habe keinen Platz für sie. Plötzlich senkte er die Stimme und fügte hinzu, die Gegend sei für alle gefährlich. Roberto wollte wissen, weshalb, und der Bauer sah ihn lange an, bevor er antwortete. Schließlich sagte er, dass sich in der näheren Umgebung eine jüdische Familie verberge und dass die Deutschen es früher oder später mit Sicherheit erfahren würden und dann erginge es allen schlecht. Den Juden, sagte er, und uns, weil wir den Mund gehalten haben. Roberto ging rasch weiter. Den ganzen Nachmittag streifte er erfolglos umher. Die Bauern hatten keinen Platz für Evakuierte. Sie wichen aus, waren vorsichtig und misstrauisch. Mehr als einmal hörte man aus ihren Worten die Gefahr heraus, in der die ganze Gegend lebte, wegen der Nähe zu den Bergen, aber auch aus anderen Gründen. Den Hinweis auf die jüdische Familie hörte er noch mehrmals.

An den folgenden Tagen versuchte Roberto erneut, einen Unterschlupf für uns zu finden, und musste schließlich aufgeben. Für Fremde gab es in diesen Hügeln und auf den Bergen hier keinen Platz. In jenen Tagen angstvollen Suchens war ihm bewusst geworden, dass der Hauptmann von Rovegno sehr wohl Recht hatte. Und noch etwas anderes, viel Wichtigeres: Wie schon in Sampierdicanne schützte und rettete uns auch hier in Pietranera das Schweigen der Leute.

Als die Frist verstrichen war, die man uns gewährt hatte, mussten wir uns notgedrungen zum Aufbruch rüsten.

Wir verließen Pietranera mitten in der Nacht. Wir hatten uns in zwei Gruppen aufgeteilt und rutschten die feuchten Wege in dem mittlerweile kahlen Wald entlang. Die Kälte kroch uns in die Glieder. Der Himmel war eisig. Wie der Mond, der den Weg beleuchtete.

Der Autobus brachte uns bis Prato, an die Stadtgrenze Genuas. Das war uns lieber, als bis ins Zentrum zu fahren, wo wir nicht wussten, was uns erwartete. Wir waren wieder am Ausgangspunkt angelangt. Mit den wenigen Sachen, die wir aus Pietranera mitgenommen hatten, befanden wir uns an einem unbekannten Ort, an der Schwelle zu einer Stadt, die nicht mehr die unsrige war und uns wie eine riesige Falle erschien, in die wir unabwendbar zurückzukehren gezwungen waren. Unsere Flucht, doch das wussten wir noch nicht, war bereits beendet. Nun aber, an den Damm des Bisagno gelehnt, wussten wir weder, wohin wir gehen, noch, was wir tun sollten. Wären wir auf einer unbekannten Insel gestrandet, wäre unsere Lage auch nicht anders gewesen. Der Unterschied bestand darin, dass hier die Gefahr unmittelbar drohte. Die Leute betrachteten uns mit einer gewissen Neugier. Zahlreiche Militärs zogen durch die Straßen: Hätte nur einer von ihnen unsere Pässe sehen wollen, es wäre aus gewesen. Ich weiß nicht mehr, wie lange wir dastanden und über jene beklemmende, irrwitzige Situation diskutierten, jeder mehr mit sich als alle miteinander. Endlich fasste Maria Luisa den Entschluss, eine Kollegin aus der Kanzlei Sciarretta und Medina anzurufen, Signorina Perla Moroni. Wir suchten eine Espressobar mit einem Telefonanschluss und warteten auf unsere Schwester. Uns war klar, wie gefährlich dieser Versuch war: Die Freundin von Maria Luisa konnte ausgerechnet an jenem Tag nicht im Büro sein, oder womöglich wollte sie nicht mit unseren Angelegenheiten behelligt werden, weil die Sache so viele Risiken barg. Vielleicht wusste sie auch gar nicht, wohin sie uns schicken oder wie sie uns helfen sollte.

Auf Maria Luisas Rückkehr zu warten zermürbte uns. Wir wagten nicht einmal mehr, uns in die Augen zu schauen. Endlich kam unsere Schwester wieder aus der Bar. Sie winkte uns zu sich: Signorina Moroni erwartete sie im Büro. Sie würde uns die Schlüssel zu einer leer stehenden Wohnung in einem ausgebombten Wohnblock in der Via Archimede geben.

In dieser Wohnung blieben wir einen Monat. Die Fenster hatten keine Scheiben, und es gab keinerlei Heizmöglichkeit. Wir hatten weder Licht noch Gas, doch das Haus kam uns wie ein Palast vor. Hier waren wir in Sicherheit. Wir hausten zu neunt in einem einzigen Raum, weil die anderen mit Möbeln voll gestellt waren, doch nicht einmal die Tatsache, dass wir gezwungen waren, stundenlang reglos auszuharren, damit wir nicht gegeneinander stießen, erschien uns ein allzu großes Opfer.

Nach einem Monat mussten wir weiterziehen, weil Signorina Moroni uns mitteilte, dass das Haus nicht mehr sicher sei.

Erneut sahen wir uns mit der dramatischen Situation konfrontiert, eine neue Bleibe suchen zu müssen. Diesmal ergriff Roberto die Initiative. Signora Bancalari, die uns bereits in dem Hotel in Pietranera untergebracht hatte, fand eine Wohnung in Carignano für uns. Wie dasjenige in der Via Archimede war auch dieses Haus ausgebombt. Gleich als wir es zum ersten Mal betraten, wurde uns bewusst, dass es sich um eine provisorische Etappe handelte und wir uns eine weniger zufällige Bleibe suchen mussten. Erneut machte sich Roberto auf die Suche. Ein Priester*, den er über einen Freund kennen

---

■■ Am 23. Februar 1998, im Rahmen eines Gesprächs zu Steven Spielbergs Projekt *Survivors of the Shoah*, nennt Signora Sonnino diesen Priester bei seinem Namen: Don Repetto. Es handelt sich um Francesco Repetto, den Sekretär des Kardinals von Genua, Pietro Boetto, der zu den «Giusti italiani» (den «Gerechten Italiens») gehörte.

gelernt hatte, mietete unter seinem Namen eine Wohnung in der Via Montallegro an, und dorthin zogen wir, nachdem wir einen Monat in Carignano geblieben waren. Der Priester sorgte auch dafür, dass wir Strom und Gas bekamen.

In der Via Montallegro hatte meine Familie bereits gewohnt, als wir von Mailand nach Genua gezogen waren. Unsere Geschichte, die praktisch in dieser Straße begonnen hatte, schien auf demselben Asphalt, zwischen denselben Mauern, in derselben Szenerie auch zu Ende zu gehen.

An die in der Via Montallegro verbrachte Zeit, neun Monate insgesamt, kann ich mich deutlich erinnern. Es sind Erinnerungen, deren gemeinsamer Nenner die Angst ist, die unsere Tage ausfüllte. Neun Monate unter äußerster Anspannung, ohne einen Augenblick der Ruhe. Notgedrungen mussten Paolo und Roberto für unseren Lebensunterhalt sorgen. In ihrer Situation war es alles andere als einfach, eine Arbeit zu finden. Von dem Moment, als sie am Morgen aus dem Haus gingen, bis zu ihrer Rückkehr fürchteten wir, sie könnten geschnappt worden sein. Paolo übernahm Aufgaben als Buchhalter bei einigen kleinen Firmen und hatte ein paar Privatschüler. Darunter war auch ein Carabiniere, dem unsere Situation so nahe ging, dass er uns falsche Lebensmittelkarten besorgte. Dank der Kontakte, die Roberto während seiner Zeit bei der Textilfirma Terracini hatte knüpfen können, bekam er bei dieser Firma wieder eine Anstellung. Ich sehe ihn vor mir, wie er jeden Morgen mit dem Musterkoffer unterm Arm aus dem Haus geht. Um Papa stand es gar nicht gut. Er ging am Stock. Ein Mann, der am Ende seiner Kräfte war und den die Wucht der Katastrophe umgeworfen hatte.

Giorgios Situation war ohne Zweifel am dramatischsten. Seit er denken konnte, war Giorgio zunächst in einer Atmosphäre der Diskriminierung, dann in einer der ständigen Bedrohung aufgewachsen. Er wusste überhaupt nicht, was es bedeutete, Kind oder Jugendlicher zu sein, und war wie ein kleines Kind geblieben, das sich in krankhafter Anhänglichkeit immer stärker an die Mutter klammerte. Er hatte ein ganz liebes Wesen. Wenn er von Angstanfällen geplagt wurde, und das geschah häufig, waren wir völlig hilflos. Seine Intelligenz, so wach und lebendig, war ohne Zweifel die Ursache für die Qualen und die Tragödie, die er durchlebte, und für die krankhafte Überempfindlichkeit, die er entwickelt hatte und die schließlich zu einer völligen nervlichen Erschöpfung führte.

Während dieser neun Monate geschahen zwei Dinge, die an sich unwichtig waren, für uns aber große Bedeutung hatten. Am 16. August 1944, beim Einkauf auf dem Markt an der Via XX Settembre, riss mir plötzlich jemand die Einkaufstasche aus der Hand, und ich sah, wie ein Mann die Flucht ergriff. Einige weitere Männer, die Zeuge des Vorfalls geworden waren, rannten ihm hinterher, und es gelang ihnen, ihn einzuholen. Man gab mir die Tasche zurück, und ich wurde gefragt, ob ich

Anzeige gegen den Dieb erstatten wolle.* Ich hatte bereits verneint, als ein Polizeibeamter in Zivil hinzutrat. Ein überaus förmlicher Mensch, der darauf bestand, dass ich meiner staatsbürgerlichen Pflicht nachkam und den Dieb bestrafen ließ. Vor Angst war ich ganz starr. Ich versuchte mich durchzusetzen, doch als ich sah, dass es keinen Sinn hatte, brach ich in Tränen aus. Ich heulte verzweifelt, da mir die Gefahr bewusst wurde, in die ich mich begab, wenn ich ihm auf ein Polizeirevier folgte. Ich blickte mich nach einem Fluchtweg um, doch es gab keinen: Der Polizist, der Dieb und ich waren von einer Schar Neugieriger umzingelt. Also gingen wir zu dritt aufs Kommissariat, das damals im ersten Stock des Palazzo Ducale untergebracht war. Der Beamte verstand gar nicht, weshalb ich so weinte, und schrieb den Grund einem plötzlichen Schock zu.

Als ich vor dem Unteroffizier stand und meine Personalien angeben musste, überkam mich erneut eine Panikattacke. In der Via Montallegro hatten wir vorgegeben, wir hießen Melani, doch dieser kindische Trick würde bei der Polizei nicht klappen. Ich musste meinen Ausweis vorzeigen. Als ich ihn hinlegte, zitterte ich wie Espenlaub. Zum Glück war als Adresse noch die Via Montello angegeben, in die wir seit der Evakuierung

---

■■ Ebenfalls im Interview *Survivors of the Shoah* sagt Piera Sonnino: «Der Dieb war soeben aus dem Gefängnis in Savona entlassen worden. Dieser Diebstahl hat mir sehr zu schaffen gemacht; ich hatte immer damit zu kämpfen, dass ich aufgefallen war und alles womöglich meine Schuld war ... Blanker Unsinn ...»

nach Chiavari nicht mehr zurückgekehrt waren. Ohne eine Regung nahm der Unteroffizier Name, Vorname und Adresse auf und forderte mich auf, das Protokoll zu unterschreiben. Ich unterzeichnete und weiß nicht, wie es mir in jenem Augenblick gelang, meine Hand ruhig zu halten. Ich fragte, ob ich nun gehen könne, was er bejahte. Hastig verließ ich die Wache, das Herz schlug mir bis zum Hals. Auf der Piazza De Ferrari traf ich zufällig Paolo, dem ich erzählte, was vorgefallen war. Mein Bruder machte mir schwere Vorwürfe wegen meiner Unachtsamkeit. Ich wies ihn darauf hin, dass es ja nicht meine Schuld war, doch er widersprach mir: Hätte ich besser aufgepasst, wäre ich nicht bestohlen worden. Tags darauf stand der Vorfall in der Zeitung. Fünfzehn Zeilen einer Spalte, mit meinen vollständigen Personalien. Lange Zeit peinigte mich der Verdacht, diese Notiz könnte die Deutschen auf unsere Spur gebracht haben. Ein absurder Verdacht, von dem ich mich dennoch nur schwer losmachen konnte.

Protagonist der zweiten Episode war Papa. Ende September hatte er einen Unfall, der schon viel früher zu unserer Entdeckung hätte führen können. Er wollte nur ein wenig spazieren gehen, fiel hin und brach sich eine Schulter. Allerdings setzte ihm weniger der Schmerz zu als vielmehr die Helfer, die ihn ins Ospedale di San Martino bringen wollten, das nur wenige hundert Meter vom Unglücksort lag. Schließlich wurde er doch nach Hause gebracht. Wir wandten uns an Professor Cattaneo, zu dem wir Vertrauen hatten, und er versprach uns, sofort einen Kollegen vorbeizuschicken. Papas Schulter wurde eingegipst, und sie war es noch am Morgen des 12. Oktober und auch in der Nacht vom 27. auf den 28. Oktober, in der langen, qualvollen Nacht von Auschwitz.

Der 12. Oktober 1944 war ein Tag, der mit einem tiefblauen, klaren Himmel an der Schwelle vom Sommer zum Herbst und mit ersten frischen Winden begann. Das Licht strömte vom Garten in unsere Wohnung in der Via Montallegro. Ich erinnere mich an jeden Augenblick dieses Tages, an jedes einzelne Bild. Ich sehe, wie meine Mutter und mein Vater, mittlerweile zwei alte, von der Furcht ausgemergelte Menschen, in ihrem großen Ehebett liegen und mir den Kopf zuwenden, als ich hereinkomme, um ihnen guten Morgen zu wünschen. Wie Flammen spüre ich ihren Blick. Es ist ein Morgen wie jeder andere, wie Millionen anderer, die ihm vorausgingen und die noch auf ihn folgen sollten. Für uns aber war er einzigartig, er unterschied sich völlig von allen in der Vergangenheit und in der Zukunft. Er schloss die letzten Bilder von dem ein, was wir bis dahin waren, von meiner Familie, meinen Eltern, meinen Brüdern und meinen Schwestern. Alles, was in jenen Stunden geschah, geschah für uns zum letzten Mal. Und nichts ließ darauf schließen. Wir erlebten alles so wie immer, als Gefangene unserer Angst. Mein Vater und meine Mutter im Ehebett, das ist die letzte Erinnerung, die ich an sie habe, als sie noch Wesen dieser Erde, noch Mann und Frau, noch menschlich waren.

Gegen halb neun ging ich zum Markt in der Via Dante. Es war kurz nach zehn, als ich die Straßenbahn bestieg, um nach Hause zurückzukehren. Während der Fahrt beobachtete ich das Alltagsleben auf der Straße. Jedes Mal, wenn ich eine Nazi- oder Faschistenuniform sah, zuckte ich zusammen, jedes Mal, wenn der Wagen langsamer wurde, aus welchem Grund auch immer, erschrak ich, aus Furcht vor einer Razzia. Am helllichten Tag sah ich, dass die Soldaten auch nur Männer waren. Manchmal nämlich, wenn die Angst die von der Vernunft errichtete Barriere durchbrach, kamen sie mir vor wie schwarze Flecken, wie schwarze Silhouetten des Albtraums, gegen den wir ankämpften.

Nachdem wir am Studentenwohnheim vorbeigekommen waren, trat ich auf die vordere Plattform, weil ich gleich aussteigen musste. An der Haltestelle Via Papigliano, der vorletzten vor der Piazza San Martino, wartete Bice auf mich. Ich sah, wie sie den Kopf nach mir reckte, während die Straßenbahn zum Stehen kam. Sie winkte mich zu sich, totenbleich, mit roten Augen. Ganz genau erinnere ich mich an unseren kurzen erregten Wortwechsel.

«Seit einer halben Stunde warte ich auf dich. Sie haben Papa geholt.»

«Wann und wer hat unseren Vater geholt?»

«Zwei Beamte in Zivil. Papa war gerade aufgestanden. Sie wissen, wer wir sind.»

«Wohin haben sie ihn gebracht?»

«Zum Studentenwohnheim. Sie haben Papa mitgenommen ... Sie haben Papa mitgenommen», wiederholte Bice immer wieder. Die Tasche, die mir am Arm
hing, kam mir auf einmal unheimlich schwer vor. Ich
konnte nicht mehr denken. Mein Gehirn war wie leer
gefegt. Ich nahm Bice bei der Hand. Meine Schwester
glühte, als hätte sie Fieber. Sie erzählte mir, dass Mama
schon Paolo und Roberto angerufen habe, damit sie
nach Hause kämen. Treffpunkt war die Piazza San
Martino, wir würden umgehend fliehen. «Sie kommen
bald und holen uns, wir müssen uns beeilen.» Wir gingen rasch, wie in Trance, ich hatte das Gefühl, durch
einen Tunnel zu laufen, ich sah nichts von der Umgebung, weder die Häuser noch die Passanten. Bice lief
ein paar Schritte voraus, als wir von der Via Papigliano
zur Piazza San Martino gelangten. Unsere Mutter und
unsere Brüder und Maria Luisa hätten an der Haltestelle warten sollen. Untröstlich drehte Bice sich zu mir
um. Keiner von unserer Familie war am vereinbarten
Treffpunkt.

Wir hatten noch eine absurde Hoffnung, als wir in
die Via Montallegro einbogen: dass Mama und unsere Geschwister aus irgendeinem Grund nicht auf uns
hatten warten können und sich bereits in Sicherheit
gebracht hatten. Bice und ich wären schon irgendwie
zu ihnen gestoßen. Die Hoffnung hielt ein paar Augen-
blicke an. Vor dem Gartentor zu unserem Haus standen zwei Personen. Wer sie waren, errieten wir sofort.

Das Schlimmste war eingetroffen. Wir blieben einen Moment stehen. Die beiden sahen uns, achteten aber nicht weiter auf uns. Wir hätten noch Zeit gehabt, uns umzudrehen und wegzulaufen, sofern es nur natürlich gewirkt hätte. Tante Anna war außer Haus, wir hätten auf sie warten und uns dann zu dritt eine Lösung überlegen können. Um uns zu retten, um zu überleben. Ich glaube, weder Bice noch mich streifte ein solcher Gedanke. Wir hielten uns an der Hand und gingen weiter, obwohl wir doch genau wussten, worauf wir zugingen. Unsere Mutter, Paolo, Roberto, Giorgio und Maria Luisa waren da drin, als warteten sie auf uns. Und das taten sie ja auch.

Einer der beiden Beamten kam auf uns zu und fragte mich: «Sind Sie Signorina Melani? Ich meine, Signora Sonnino?»

Ich nickte.

«Und das ist Ihre Schwester, nicht wahr?» Er war sogar sehr höflich.

«Bitte, meine Damen, kommen Sie doch mit.»

Wir gingen durch den Vorgarten und stiegen die Treppe hinauf, die zum Schlafzimmer unserer Eltern führte. Dort waren Mama und unsere Geschwister. Im Raum herrschte ein unglaubliches Durcheinander. Mama lag schluchzend auf dem Bett. Sie hatte wie immer ihr schwarzes Kleid an: Als die Polizei gekommen war, hatte sie gerade ausgehen wollen. Neben ihr war Maria Luisa, die ihr den Arm um die Schultern gelegt hatte. Paolo und Roberto redeten auf zwei weitere Beamten ein. Die Festnahme erfolgte auf eine Weise, wie sie keiner von uns vorhergesehen hatte. Sogar die Polizisten hatten wir uns anders vorgestellt. Sie beobachteten uns mit einer gewissen Gleichgültigkeit, verloren aber nicht die Geduld.

Gerade sagt Roberto zu ihnen: «Nehmt uns Männer mit und lasst die Frauen hier. Meine Mutter ist alt. Sehen Sie sie doch an», beschwor er einen Polizisten. «Wohin wollen Sie sie bringen, ins Gefängnis?»

Der Polizist zuckt mit den Achseln. Sie hätten den Befehl, alle Mitglieder der Familie zu verhaften. Eine jüdische Familie, fügt er mit ironischem Lächeln hinzu. Er verstehe die ganze Aufregung nicht, sagt er dann mit seinem süditalienischen Akzent.

Ein anderer Polizist unterbricht ihn und fängt ein Privatgespräch an: «Juden ... tatsächlich. Sie haben Jesus Christus, unseren Herrn, ans Kreuz genagelt, die Juden.» Er wendet sich an uns, ebenfalls mit ironischem Lächeln. «Da habt ihr ja was Schönes verbrochen, damals. Wer soll da noch zu euch halten, nach all dem, was ihr getan habt?» Der erste schaltet sich wieder ein und sagt, Tränen hätten gar keinen Sinn. Er habe den Befehl, uns zum Studentenwohnheim zu bringen: Dort müssten wir ein Dokument unterzeichnen, in dem wir uns verpflichten, für Deutschland zu arbeiten, damit sei das Ganze schon erledigt und wir könnten wieder nach Hause.

Roberto kann sich nur mit Mühe beherrschen. Paolo gibt es auf, weiter zu diskutieren. Giorgio ist wie leblos auf einem Stuhl zusammengesunken. Wenn nichts gesprochen wird, hört man nur unser Schluchzen. Die Polizisten befehlen uns, wir sollen uns fertig machen. Wir müssen aufbrechen. Roberto und Paolo unternehmen letzte, vergebliche Versuche, sie davon zu überzeugen, dass sie Mama und uns Mädchen hier lassen sollen. Wir reden, schreien, weinen, alles gleichzeitig. Die Polizisten schauen über den Garten hinweg zur Straße hinaus, als hätten sie Sorge, jemand könne uns hören. «So lassen Sie doch das Geschrei!», sagen sie immer wieder.

«Signora», sagt einer von ihnen zu Mama, «es handelt sich ja nur um einen kleinen Spaziergang. Von hier bis zum Studentenwohnheim. Wie weit wird das sein? Zweihundert Meter. In einer Stunde sind Sie wieder zu Hause bei Ihren Kindern und Ihrem Mann …»

Diese Worte, diese Minuten kommen mir rückblickend unwirklich und wie erfunden vor. Und doch habe ich diese Worte so gehört und diese Minuten so erlebt, wie ich es erzähle. Wir hatten uns die Verhaftung wie einen Wirbelsturm vorgestellt, der ganz plötzlich über uns hereinbrach, doch stattdessen kam er beinahe leise heran, in eine hässliche und unnötige Lüge gehüllt.

Endlich fassten wir einen Entschluss. Maria Luisa und Bice durften in ihr Zimmer gehen, um ein paar Kleidungsstücke zu holen. Roberto sagte, dass wir eine kleine Geldsumme im Haus hätten, und bat darum, sie Signor Alessandro Trolli anvertrauen zu dürfen, einem älteren distinguierten Herrn, der mit seiner kranken Frau und einer Tochter in der Wohnung über uns wohnte. Signor Trolli verhielt sich überaus anständig, wie Roberto uns später berichtete. Roberto erklärte ihm, wer wir waren und warum man uns verhaftet hatte, und Signor Trolli erwiderte, obwohl Roberto mit einem Polizisten gekommen war, es sei ein Verbrechen, Unschuldige zu verfolgen. Außerdem tue ihm sehr Leid, was hier geschehe, und er freue sich, helfen zu können. Er wolle gern unser Geld aufbewahren, egal wie viel es sei, und wir könnten uns darauf verlassen, genau dieselbe Summe zurückzubekommen.

Erst bei meiner Rückkehr erfuhr ich, weshalb die Polizisten sich so großzügig verhalten hatten und was für ein grundanständiger Mensch Signor Trolli war.

Gleich als sie uns fortgebracht hatten, wurden nämlich die beiden Polizisten wieder bei Signor Trolli vorstellig und forderten ihn auf, sofort das Geld herauszugeben, das wir ihm anvertraut hatten. Signor Trolli weigerte sich und ließ sich auch durch Drohungen nicht einschüchtern. In den folgenden Tagen versuchten sie mehrmals, das Geld von ihm zu bekommen, vergeblich. Bei meiner Rückkehr fand ich die Summe auf einem unter meinem Familiennamen ausgestellten Konto vor.

In Reih und Glied verließen wir unser Haus. Die Polizisten hatten uns befohlen, kein Aufsehen zu erregen. Unterwegs sagten sie zu Maria Luisa, die unentwegt weinte: «Hören Sie doch auf, Signorina, seien Sie so gut. Was haben wir Ihnen denn getan oder zu Ihnen gesagt, dass Sie so weinen müssen!»

Ich weiß nicht, was aus jenen Beamten wurde, ob sie

tot sind oder noch am Leben, ich weiß nicht, welchen Beruf sie jetzt ausüben. Vielleicht aber sind ihre Kinder schon erwachsen, wie Paolo und Roberto es damals waren, vielleicht auch Jugendliche wie Maria Luisa und ich, oder sie sind noch klein wie Giorgio und Bice.

Brenno Grandi war es, der unsere Verhaftung angeordnet hatte. In dem Prozess, den man ihm 1947 machte, wurde er freigesprochen, weil es ihm gelang zu beweisen, dass er Juden nicht aus finanziellen Beweggründen festgenommen hatte. Die vier Polizeibeamten, die seine Befehle ausführten, mögen wissen, wo immer sie heute auch sind, dass sie in jenem Augenblick, als sie uns aus dem Haus schleppten, bei jenem einen, einzigen Mal, als sie uns sahen, den Startschuss zu unserem Ende gaben. Genau sie sind es heute für mich, die das Antlitz des Todes trugen.

Etwa in der Mitte der Via Papigliano entdeckten wir Tante Anna, die keuchend auf dem Nachhauseweg war. Auch Tante Anna sah uns und blieb wie angewurzelt stehen. Roberto machte ihr ein Zeichen, das die Polizisten, die uns doch aufmerksam beobachteten, entweder nicht sahen oder nicht verstanden. Tante Anna dagegen verstand es nur zu gut, und wir sahen, wie sie in einem Geschäft verschwand. Sie war die Einzige von uns, die der Deportation entging.

Ein Stück weiter wurde Roberto plötzlich ganz unruhig und rief jemandem auf dem gegenüberliegenden Gehsteig etwas zu. Ein Freund, erklärte er leise, während der andere zu uns herüberkam. «Ein hohes Tier im Studentenwohnheim. Vielleicht kann er uns helfen.»

Es war ein junger Mann Anfang zwanzig. Schweigend hörte er Roberto zu und blickte uns einen nach dem andern an. Er schloss sich uns an und ging mit uns zum Studentenwohnheim. Unbefangen ging er auf ein Büro zu, über dessen Tür ein großes Schild auf Deutsch angebracht war. Er klopfte und winkte uns dann herein. Das Büro war ziemlich groß. Hinter einem Schreibtisch saß ein deutscher Offizier.

«Guten Tag!», sagte Robertos Freund zu ihm. «Hervorragende Ausbeute heute Morgen. Eine vollzählige jüdische Familie. Gratuliere.» Er schüttelte dem Offizier die Hand und ging, ohne uns eines Blickes zu würdigen.

Sie notierten sich unsere Namen ganz genau und ließen uns ein Papier unterzeichnen. Ein paar Aufseher führten uns anschließend ins Kellergeschoss und öffneten die Tür zu einer Zelle. Mama ging als Erste hinein und schrie: «Ettore!»

Unser Vater saß auf einer Bank an der Wand und weinte verzweifelt. Wir hörten nicht einmal, wie sich die Zellentür hinter uns schloss. Unter Schluchzern erzählte uns Papa, dass sie ihn lange verhört hatten und wissen wollten, wo Paolo, Roberto und Giorgio waren. Er wisse es nicht, habe er geantwortet.

«Haben sie dich geschlagen?», fragte ihn Mama.

Papa schüttelte den Kopf.

Die Zelle war winzig klein, viel zu klein für uns acht.

Wir mussten uns abwechselnd auf die Bank und auf den Boden setzen. Lange Zeit saßen wir da, meine Mutter und meine Schwestern, umarmten einander und weinten, während Giorgio in unserer Mitte vor Angst fast verging. Auf einmal sprang Roberto auf und hämmerte mit den Fäusten an die Tür. Ein Guckloch öffnete sich, und ein Augenpaar musterte uns.

«Bringt diesen Frauen hier etwas zu essen!», schrie mein Bruder. Das Guckloch schloss sich wieder. Nach einer Viertelstunde wurde uns ein wenig Essen gebracht, das aber niemand von uns anrührte. Roberto zwang sich, ein wenig davon zu essen, doch er spuckte den einzigen Bissen, den er schließlich zu sich nahm, sofort wieder aus. Paolo fragte sich ständig, wer uns wohl verraten und denunziert hatte.* Auch Roberto begann zu überlegen. Sie ließen alle Personen Revue passieren, die sie kannten, und verwarfen die Hypothesen wieder. Roberto meinte, unsere Verhaftung sei auf eine Art und Weise geschehen, die darauf schließen lasse, dass die Nazis und die Faschisten der antijüdischen Gruppe im Studentenwohnheim nur spärliche, unzureichende

---

✶▬ Nach ihrer Rückkehr war Piera Sonnino davon überzeugt, dass eine gewisse Signora Grossi sie an die Polizei verraten hatte. Sie wohnte im selben Gebäude in der Via Montallegro. Ihr Enkel ging mit Pieras ältester Tochter Bice zur Schule. Die Verhaftung hatte Colonnello Brenno Grandi angeordnet, der Piera zufolge fünftausend Lire für die Festnahme von acht Juden bekommen hatte. Nach dem Krieg wurde Brenno Grandi von dem Vorwurf freigesprochen, aus finanziellem Interesse gehandelt zu haben.

Informationen über uns hatten. Wenn sie sich absolut sicher gewesen wären, dass wir Juden waren, hätten sie uns irgendwann in der Nacht, am Mittag oder am Abend verhaftet.

Ein paar Stunden nach Sonnenuntergang wurden wir aus der Zelle geholt, auf einen Karren verfrachtet und ins Gefängnis von Marassi gebracht.

In Marassi wurden wir getrennt. Unser Vater und unsere Brüder kamen in den Trakt mit den Häftlingszellen, und wir, unsere Mutter, Maria, Bice und ich, wurden in eine Halle gebracht, in der schon andere Frauen waren. Es war ein trostloser, finsterer Raum. Das Licht drang durch einen schmalen Schlitz unter der Decke. Die Luft war drückend, zum Schneiden dick. Wir vier kauerten uns in eine Ecke, weit weg von den anderen Unglücklichen entfernt. Wenn man beobachtete, wie sie sich verhielten, und vor allem ihr nervöses Gelächter hörte, wusste man gleich, wer sie waren. Meine Mutter war vollkommen erschüttert, dass wir hier gelandet waren. Wir hatten uns immer vor der Festnahme gefürchtet; insgeheim hatten wir wohl gewusst, dass sie irgendwann Wirklichkeit würde, doch jetzt, in dieser Zelle, überstieg das Ganze unser Vorstellungsvermögen. Zumindest kam es uns damals so vor. Bereits das Gefängnis von Marassi schien uns der Albtraum zu sein, dabei war es lediglich eine Etappe auf dem Weg dorthin. Doch es war das erste Mal, dass der Albtraum für uns Gestalt annahm, und zwar mehr noch als im Studentenwohnheim, wo wir keine Sekunde lang Zeit gehabt hatten, um uns über unsere Situation klar zu werden.

Zunächst zeigten sich die Frauen neugierig, sie wollten wissen, wer wir waren, und eine von ihnen sagte, sie wisse gar nicht, dass es ein Verbrechen sei, Jude zu sein. Sie wollten unbedingt mit uns sprechen, doch als wir ihnen nur Schweigen entgegenbrachten, ließen sie uns in Ruhe. Ich glaube, sie hatten Mitleid mit uns.

Wir nahmen unsere Mutter in die Mitte und scharten uns dicht aneinander gedrängt um sie. Ich spürte, wie die Stiche und Schmerzen eines Drüsenabszesses sich wieder bemerkbar machten, dessentwegen ich seit einiger Zeit in Behandlung war, schämte mich aber, darüber zu sprechen. Mama dachte plötzlich wieder daran, als es nämlich Zeit war, die Medizin einzunehmen. Sie blickte mich lange an und drückte mir die Hand.

Die sieben Tage in Marassi kamen uns endlos vor. Die Untätigkeit und das Zusammenleben mit so vielen Fremden verschlimmerten unser Allgemeinbefinden. Wir mussten die ersten Demütigungen erdulden. Es gab nur einen kleinen Eimer für alle Gefangenen, und Maria Luisa, Bice und ich litten vor allem, wenn wir mit ansehen mussten, wie Mama sich seiner zu bedienen gezwungen war. Unsere Eltern waren altmodisch erzogen worden, Anstand und Schamhaftigkeit galten ihnen sehr viel. Ich kann mich nicht erinnern, Mama je im Hausrock gesehen oder ein unflätiges Wort von ihr gehört zu haben. Dies sei nur gesagt, um deutlich zu machen, was Mama in diesen Tagen wohl durchmachte. Die schlimmste Strafe war jedoch für uns, dass wir nicht wussten, was aus Papa und unseren Brüdern geworden war. Mama befürchtete, dass sie schon fort-gebracht, schon deportiert worden seien; sie schwankte beständig zwischen der Angst, sie nie wiederzusehen, und der gegenteiligen Hoffnung.

Wir versuchten, das Mitleid des Gefängniswärters zu erregen, der uns das Essen brachte, und konnten ihn dazu überreden, sich für uns zu erkundigen. Am nächsten Tag schwor er hoch und heilig, dass die vier Sonninos noch in Marassi waren. Unsere Mutter fragte ihn beinahe ehrfürchtig, ob man ihnen Grüße bestellen und sie sehen könnte – und sei es nur für einen Augenblick. Der Wärter versprach, alles zu tun, was in seiner Macht stand. So verging wieder einige Zeit mit Warten. Ich weiß nicht, ob das Versprechen, das man uns gemacht hatte, unserer Beruhigung diente oder ob der Wärter tatsächlich aus Menschlichkeit handelte. Wir sahen Papa und die Jungen am Abend des siebten Tages in Haft wieder, als wir aus unserer Gefängniszelle herausdurften und in einen ebenso tristen Raum kamen, wo wir auf unsere Angehörigen zusammen mit weiteren Glaubensgenossen trafen.

Papa und Giorgio schienen einem Zusammenbruch nahe zu sein. Giorgio warf sich in Mamas Arme und klammerte sich verzweifelt an sie. Roberto und Paolo gaben sich wie gewöhnlich betont zuversichtlich. Außer uns warteten noch etwa hundert Leute auf den Abtransport. Darunter waren auch Signor Della Pergola, der seinerzeit Eigentümer eines Schuhgeschäfts in der Galleria Mazzini gewesen war, Signora Polacco

Bei ihrer Rückkehr nach Genua fand Piera Sonnino diese Fotografien in einem Möbelstück. Die Bilder und das Möbelstück sind die einzigen Dinge, die ihr blieben.

Genua, Sommer 1926. Dies ist das einzige Foto, das von den sechs Sonnino-Geschwistern noch erhalten ist.
V. l. n. r.: Paolo, im Alter von 27 Jahren in Auschwitz umgekommen; Maria Luisa, im Alter von 25 Jahren in Flossenbürg umgekommen; Giorgio, im Alter von 19 Jahren in Auschwitz gestorben; Roberto, Todesort und -datum unbekannt; Bice, im Alter von 21 Jahren in der Nähe von Braunschweig gestorben; Piera.

Giorgina und Ettore, Neapel, 18. Juli 1911. Auf der Rückseite des Bildes steht: «Wir wollen uns euch auf dem Gipfel der Eleganz präsentieren.»

Ettore Sonnino, geb. am 17. April 1880, hält eine seiner
Töchter auf dem Arm.

Giorgina Milani und drei ihrer Kinder: Giorgio (oben),
Paolo und Maria Luisa.

Maria Luisa und Bice. Das letzte Foto von Mitgliedern
der Familie Sonnino vor der Deportation.

Maria Luisa, links, und
Piera Sonnino, 1934.

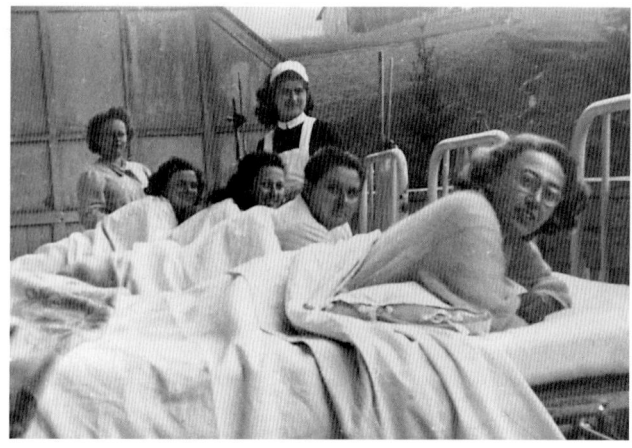

Istituto Elioterapico Codivilla in Cortina, Juni 1948. Das
erste Foto von Piera (vorne rechts) nach dem Krieg.
Carla Curti, deren Erinnerungen an Piera im Nachwort
zitiert werden, ist die Zweite von links.

Piera in den fünfziger Jahren, nach ihrer Rückkehr nach
Genua.

Drei Schnappschüsse nach ihrer Rückkehr.

Die Colonia Elioterapica in Levillà, einen Kilometer von
Pietranera di Rovegno entfernt, dem letzten Zufluchts-
ort der Familie Sonnino vor der Verhaftung in Genua.
Die Klinik war zunächst in den Händen der Nazis, bis
sie ab 1944 den Partisanen als Stützpunkt und Gefängnis diente. Nach dem Krieg wurden noch jahrelang
Leichen von Soldaten in den Wäldern der Umgebung
gefunden.

mit ihren beiden Töchtern und ein Angestellter, dessen Namen ich vergessen habe, der uns aber von sich erzählte – er hatte bei einer Firma für pharmazeutische Produkte gearbeitet – und von seiner Frau, von der er getrennt worden war. Stundenlang warteten wir darauf, dass wir abgeholt wurden. Es war beinahe finster, als im Gefängnishof der Motor eines Automobils erdröhnte, eines Lastwagens mit Anhänger. Männer und Frauen wurden getrennt. Deutsche Wachen hatten nun die italienischen abgelöst. Schnell, schnell, befahlen sie. Sie schubsten uns grob auf den Lastwagen hinauf und schrien wie Besessene, wenn wir nicht rasch genug Folge leisteten. Wenige elektrische Lampen erhellten die Szenerie. Ich war im Gedränge, und als ich über die Ladeklappe hinten auf den Lastwagen stieg, spürte ich plötzlich einen heftigen Schmerz am Knöchel. Ich ließ mich auf eine Bank sinken und musste mir den Schuh ausziehen: Der Knöchel schwoll zusehends an.

Die Fahrt von Genua nach Bozen dauerte vierundzwanzig Stunden. Wir fuhren durch Städte und Dörfer, die vom Krieg zerstört waren, wir begegneten Kolonnen von Menschen, die vor den Bombardements flohen. Mit jedem Kilometer dieser entsetzlichen Beweise für die Vernichtungswut des Krieges nahm unser eigenes Entsetzen zu. Die deutschen Wachen bewachten uns von der Kabine des Fahrzeugs aus, an der ein Maschinengewehr befestigt war.

Wir unternahmen keinen Fluchtversuch. Die Männer hätten es machen können, vor allem wenn man bedenkt, dass sie den Wachen zahlenmäßig überlegen waren, doch waren ihnen die Hände gebunden durch die Androhung der Strafmaßnahmen, die uns alle trafen, sollte sich jemand den zu Beginn erteilten Befehlen widersetzen. Abgesehen von wenigen Ausnahmen, fuhren überdies auf dem Lastwagen und dem Anhänger Mitglieder ein und derselben Familie mit. Mehr noch als die Furcht vor Vergeltung, so glaube ich, hielt uns jedoch die Tatsache zurück, dass wir uns in unser Schicksal fügten. Eine Art althergebrachter Fatalismus, der unserem Volk eingeboren ist. Während das Fahrzeug dahinrollte, klammerten wir uns an die Ränder der Ladefläche oder an die Schnüre des Verdecks, als wäre diese Fahrt für uns unausweichlich, als könnte es nicht anders sein. Als bedeute Jude zu sein, massakriert zu werden. Der Wind peitschte uns ins tränenüberströmte Gesicht. Jetzt, in der Erinnerung, rufe ich meinen Brüdern zu: «Rettet euch! Denkt nicht an uns!» Manchmal wünsche ich mir, die Erinnerung wäre Wirklichkeit und ich wäre so wie heute und strecke meinen Brüdern und den anderen Juden die Hände hin, als könnten sie mich hören: «Rettet euch! Habt keine Angst vor Strafe! Erringt die Freiheit und kämpft auch für uns …»

Am Abend des 20. Oktober kamen wir in Bozen an. Mein Knöchel war dick und geschwollen. Ich konnte kaum gehen. Der Anblick des Lagers war weniger erschreckend, als wir erwartet hatten. Das ständige Wechselbad der Gefühle, das Schwanken zwischen Hoffnung und Angst führte dazu, dass wir in erhitzter Stimmung, mit leuchtenden Augen und glühenden Gesichtern im Lager ankamen, so als hätten wir Fieber.

Wir richteten uns so gut wie möglich in den Baracken ein und fielen sofort in tiefen Schlaf. Erst im Morgengrauen des nächsten Tages, als die Aufseherinnen uns weckten, wurde Mama und uns drei Schwestern bewusst, dass wir erneut von Papa und unseren Brüdern getrennt waren. Die Sonne stand noch ganz tief am Horizont, als wir draußen zum Appell antreten mussten. Gleich darauf wurden wir in einzelne Arbeitsgruppen aufgeteilt. Wegen meines Knöchels durfte ich in der Baracke bleiben. Mama, Maria Luisa und Bice, die mit den anderen in der Schlange standen, wurden weggeführt. Ich sah ihnen nach und legte mich dann wieder auf die Liege, auf der ich geschlafen hatte. Ich lag da, ohne zu denken, eingehüllt in diesen Nebel, den ich schon damals um mich herum wahrnahm und der immer dichter und dunkler werden sollte, bis ich mich schließlich ganz darin verlor.

Die Neuigkeiten, die wir an diesem Tag und am Abend über das Lager in Erfahrung brachten, waren spärlich, aber bedeutsam. Es wurde uns gesagt, dass es in den vergangenen Monaten mehrmals vollkommen überfüllt gewesen sei, und nicht nur von Juden. Es mag seltsam erscheinen, aber an diesem Tag hörte ich zum ersten Mal etwas von Partisanen, von Aktionsgruppen und Widerständlern. Allmählich verstand ich bestimmte Hinweise, die ich bei den Bauern von Pietranera di Rovegno aufgeschnappt hatte, gewisse geheimnisvolle

Anspielungen und einige Vorfälle in der Stadt, die weder ich noch der Rest der Familie hatte deuten können. Wir wollten ja unter allen Umständen den Kontakt mit Fremden vermeiden und bildeten uns ein, dies reiche bereits aus, um zwischen uns und den anderen, zwischen uns und unseren Verfolgern eine Barriere zu errichten, die uns unsichtbar werden ließ. Mama, Maria Luisa und Bice kehrten am Abend zurück. Mama war völlig erschöpft. Vom Morgen an hatten sie in einem großen Schloss arbeiten müssen, das offenbar demnächst ein deutsches Militärkommando beherbergen würde. Noch bevor es Nacht wurde und obwohl Mama und meine Schwestern so müde waren und mein Knöchel schmerzte, verließen wir die Baracke und wagten uns bis zum Maschendrahtzaun. Dort warteten Paolo und Roberto auf uns, ohne dass wir uns abgesprochen hätten. Sie wussten, dass wir alles getan hätten, um sie zu sehen. Besorgt erkundigten wir uns nach Papa und Giorgio. Roberto versuchte, uns zu beruhigen. Paolo meinte, dass wir ja noch alle am Leben waren und uns, wenn überhaupt, erst dann Gedanken machen sollten, wenn der Ernstfall eingetreten wäre. Ihre Bemühungen, uns ein wenig Hoffnung und Vertrauen einzuflößen, rührten uns richtiggehend.

Am nächsten Tag machte das Gerücht die Runde, ein Transport nach Deutschland stehe bevor. Der Appell fiel aus, und die Arbeit ruhte. Der Tag verging mit Warten. Im Lager gab es einen Laden, in dem man Äpfel kaufen konnte. Abends, als es nicht mehr lange bis zur Abfahrt zu dauern schien, rief Mama uns zu sich und vertraute uns an, es sei ihr gelungen, ein paar Lire zu verstecken, die auch bei der Durchsuchung am Eingang des Gefängnisses in Marassi nicht entdeckt worden waren. Sie fasste in einen Schuh und gab uns das Geld, damit wir Äpfel für die Fahrt kauften. Es war das letzte Geschenk unserer Mutter. Am nächsten Tag fuhren wir ab, in verplombte Waggons eingeschlossen. Die Kolonne wurde von einem Trupp SS-Leute begleitet. Wenige Stunden nachdem wir Bozen verlassen hatten, kamen wir auf deutsches Gebiet. Es war der 23. Oktober 1944.

Unterwegs ins Ungewisse. Das Licht im Waggon ist spärlich, manchmal wird die Luft zum Schneiden dick. Wir haben so wenig Platz, dass wir uns kaum bewegen können. Nur mit Mühe tauschen wir die Plätze, damit jeder sich einmal setzen kann. Unter uns sind viele alte Damen, deren Kleider noch Spuren von Reinlichkeit und Eleganz aufweisen. Sie haben sich am einen Ende des Waggons zu einem Grüppchen zusammengeschart und jammern untereinander. Ihre leisen Stimmen werden zu einer Art Lamento. Von den jungen Frauen erinnere ich mich an Signora Eleonora Recanati Foà[*] aus Turin und an die Frau des Ingenieurs Corrado Saralvo.[**] Der Ingenieur fährt in dem Waggon der Männer mit. Signora Saralvo leidet an akuter Diabetes. In einer Tasche hat sie Spritzen und die Ampullen mit Insulin bei sich, das sie sich von Zeit zu Zeit injiziert. Außerdem erinnere ich mich noch an eine Frau, Maggi hieß sie, glaube ich, die im sechsten Monat schwanger ist und

---

[*] Eleonora Recanati, geboren am 12. März 1922 in Turin, Gattin von Guido Foà, der bei der Ankunft in Auschwitz erschossen wird. Sie selbst erlebt ihre Befreiung in Ravensbrück.

[**] Elena Segre, geboren am 26. Oktober 1904 in Turin, gestorben in Auschwitz, Datum unbekannt.

sich zwanghaft bemüht, ihren Zustand vor den Deutschen zu verbergen. Sie wendet sich Rat suchend an die älteren Damen. Niemand will ihr die Hoffnung rauben. Wir wissen nicht, wo sie uns hinbringen. Das Schicksal, das uns dort erwartet, kennen wir zwar nicht, doch die Illusionen und Hoffnungen haben wir begraben.

Der erste Reisetag vergeht in derselben fiebrigen Aufregung, wie ich sie bereits in den Tagen zuvor gespürt habe. Am zweiten sind wir alle müde und hungrig. Nach und nach reduzieren sich die Gespräche auf wenige geflüsterte Bemerkungen. Fast ständig bricht irgendwer in Tränen aus. Am dritten Tag scheint fahles gelbes Licht in den Waggon. Wir haben jeglichen Anstand aufgegeben: Nur um sitzen zu können, kauern wir uns in jeder beliebigen Position auf den Boden. Die Luft ist verpestet. In dieser schrecklichen Gefängniszelle auf Rädern gibt es nicht einmal einen Eimer für die Notdurft. Mama, Maria Luisa, Bice und ich bewegen uns seit Stunden nicht mehr. Mama schluchzt ständig vor sich hin. Wir umarmen sie ganz fest, so wie wir es noch nie getan haben. Die Äpfel, die wir in Bozen gekauft haben, sind noch unangetastet. Wie das Brot, das sie uns gegeben haben. Der Magen verweigert die Nahrung. Außerdem denken wir ständig an Papa und unsere Brüder. Auch in Bozen haben wir ihnen einen Teil unserer Lebensmittelration abgegeben. Am Nachmittag des dritten Tages bleibt unser Konvoi stehen. Aus dem Waggon der Männer hören wir einen verzweifelten Chor: «Wasser! Wasser!» Ein deutscher Wachsoldat schiebt die Tür unseres Waggons zur Seite, deutet auf ein paar von uns und befiehlt ihnen auszusteigen. Mein Knöchel schmerzt sehr, doch ich kann nicht widerstehen und steige ebenfalls aus. Wir stehen inmitten einer Ebene unter bleigrauem Himmel. Eisige Windböen wehen uns an. Ein kleines verlassenes Bahnwärterhäuschen und daneben ein kleiner Brunnen an der Wand. «Wasser! Wasser!», schreien die Männer weiterhin. Wir füllen die wenigen Behälter, die wir mitgebracht haben, eine Dose oder einen Becher aus Blech, und wenden uns dann an die Wachen. Wir fragen sie, ob wir unseren Verwandten, unseren Brüdern zu trinken geben dürfen. Die Wachen stimmen zu, aber wir sollen uns beeilen. Aus dem Schlitz oben am Waggon recken sich uns zehn Hände entgegen. Für eine Sekunde, als die Becher wieder eingesammelt werden, sehe ich die Gesichter von Paolo und Roberto. Ihre Augen starren mich an und verschwinden dann wieder. Die Wachen schieben uns zu unserem Waggon zurück und drohen uns dabei mit den Gewehrkolben. Wir steigen wieder ein, und der Konvoi setzt sich erneut in Bewegung. Diejenigen, die ausgestiegen sind, sinken jetzt erschöpft nieder. Am vierten Tag bleibt der Zug mehrmals stehen. Mehr als einmal haben wir das Gefühl, in die Gegenrichtung zurückzufahren, aber wahrscheinlich haben wir die Orientierung verloren. Wir sind innerlich völlig leer. Die deutlichste Empfindung, an die ich mich erinnere, ist die schreckliche Gewissheit, geboren zu sein und für immer in dem Gestank und zwischen diesen dahinrollenden Brettern leben zu müssen. Mein Leben ist ein Fluss, der sich immer weiter von mir entfernt, der, eingehüllt in schwere Nebelschwaden, immer undeutlicher zu erkennen ist. Die irrwitzige Sehnsucht, zurückzukehren und nach einer Nacht voller Albträume in meinem Bett aufzuwachen, verschwindet allmählich; immer seltener spüre ich sie in mir.

Durch den Schlitz oben im Waggon dringen Finsternis und Kälte, wenn der Tross wieder einmal stehen bleibt. Wir dösen vor uns hin, schon seit Stunden. Es ist, als hätten wir das Bewusstsein und damit uns selbst ganz verloren. Der Aufenthalt zieht sich in die Länge, doch wir achten gar nicht darauf. Plötzlich sind draußen laute Rufe und Pfiffe zu hören. Tausend Hunde scheinen sich anzukläffen. Die Türen der Waggons werden aufgerissen. Lichter blenden uns. Soldaten in grauen und schwarzen Uniformen schreien uns unverständliche Worte zu. Zu Tode erschrocken springen wir auf. Ein großer Lastwagen fährt rückwärts auf den Waggon zu. Als er stehen bleibt, vervielfachen sich die unübersetzbaren Befehle noch. Ein Brett wird zwischen die Tür des Waggons und den Lastwagen geworfen. Ein Soldat befiehlt einer Frau, auf den Lastwagen zu steigen. Das Brett ist eine schmale, schwankende Brücke, aber man muss hinüber. Ich bin bei den Ersten, in der Gruppe der Jungen, die älteren Frauen sind ins Innere des Waggons zurückgewichen; eine von ihnen ist in Ohnmacht gefallen. Bevor die Plane des Lastwagens herabgelassen wird, kann ich, während ich mich mit schmerzendem Knöchel über das Brett schleppe, meinen Blick über den Ort schweifen lassen, an dem wir gelandet sind. Bilder, nur einen Sekundenbruchteil lang. Bilder für die Ewigkeit. In der Ferne ein Haufen kleiner Lichter und unheimlich hohe Gerüste, wie Skelette. Ein Meer aus Schlamm, eine Ebene aus Schlamm. Ein eisiger, dunkler, schlammiger Wahnsinn. Ich bin nun in einer Dimension, stelle ich fest, in der es nichts Menschliches mehr gibt, die allem Menschlichen völlig feindlich gesinnt ist, eine Dimension, die selbst diejenigen, die sie erschaffen haben, absorbiert hat und die zu einem eiskalten, schlammigen und finsteren Mechanismus geworden ist, schicksalhaft und unausweichlich. Darüber, als würde sie im Himmel brennen, eine kleine Flamme, die in der Ferne das Dunkel durchbricht und die ich noch nicht deuten kann.

Der Lastwagen hält vor einer großen Baracke an. Wir steigen aus und warten auf die anderen. Und auf unsere Brüder. Signora Saralvo fragt uns: «Glaubt ihr, sie bringen auch die Männer hierher?» Die Schwangere hat die Hände auf den Bauch gelegt, als wolle sie ihre Leibesfrucht verteidigen. Nach und nach füllt sich die Baracke. Wir befinden uns im Zentrum des Albtraums, der zehn Jahre zuvor seine ersten Vorboten geschickt hat. Ganz Europa wird von ihm beherrscht, auch wenn seine Tage bereits gezählt sind.

Eine große, leere Baracke. Eine lange, endlose Nacht.
Roberto kam herüber, um uns mitzuteilen, dass wir in
Auschwitz seien. Der Name sagte uns nichts. Wir dachten, wir seien in Deutschland, dabei sind wir in Polen.
Die Frauen kauern sich in der Mitte des Raumes aneinander, um sich gegenseitig zu wärmen. Wir jungen gehen oft an eines der beiden Fenster und spähen hinaus,
direkt auf eine weitere düstere Mauer. Wir sehen gar
nichts. Roberto und Paolo gehen von einer Gruppe zur
anderen und berichten uns zwischendurch, worüber
gesprochen wird, welche Gerüchte es gibt. Giorgio
kuschelt sich in den Schoß seiner Mutter, als würde er
seine Erzeugerin bitten, ihn wieder in sich aufzunehmen, ihn allmählich auszulöschen, ihm das Leben zu
nehmen, das sie ihm geschenkt hat. Papa bewegt sich
wie ein Automat, als hätte er seinen Verstand und seinen Willen eingebüßt. Die eingegipste Schulter macht
ihm mehr Beschwerden denn je, aber er beklagt sich
nicht darüber. Vielleicht bemerkt er es nicht einmal.
Unsere Sinneswahrnehmung ist völlig eingeschränkt.
Wir leben am Rande des Bewusstseins. In einer absurd
irrealen und zugleich realen Welt. Dies ist die letzte
Nacht, die meine Familie gemeinsam verbringt. Es wird

keine weiteren geben. Acht durch Blutsbande vereinte menschliche Wesen, die sich zum letzten Mal aneinander klammern.

Meine Mutter, mein Vater, meine Brüder, meine Schwestern und ich haben das Beste aus unserer Gemeinschaft herausgeholt, ein Maximum an menschlicher Wärme. Ich erinnere mich an einzelne Fragmente der Familiengeschichte. Das dunkle Schicksal, mit dem wir schon immer haderten. Erst vor zwei Generationen konnten die Sonninos und die Milanis sich von den Erniedrigungen des römischen Ghettos befreien, in dem ihre Väter und Großväter geboren worden waren. Die Mauern des Ghettos fielen 1870, und von da an waren meine Vorfahren frei. Doch noch trugen sie die Erinnerung an vergangenes Leid in sich, an Nächte, in denen Gruppen von Fanatikern ins Ghetto eingedrungen waren, um ihre Söhne zu rauben und sie durch die Taufe einer anderen Religion zu weihen, an die schmerzliche Rassentrennung und die Ablehnung, der sie ausgesetzt gewesen waren. Meine Großmutter mütterlicherseits hieß Roselli, und an einem Tag vor so vielen Jahren hatte ich mitbekommen, dass Carlo und Nello von den Faschisten getötet worden waren, doch ich wusste weder, wer sie waren, noch, was sie taten. Nach Crescenzio Del Monte, einem Dichter, der im jüdisch-römischen Dialekt schrieb und der ein Cousin meiner Mutter war, ist eine Straße in Rom benannt, in Trastevere, wo auch die Gedenktafeln für Belli und Trilussa angebracht sind. Großtante Ersiglia, eine Schwester meines Großvaters mütterlicherseits, hatte einen Modigliani geheiratet, einen Verwandten des Malers, und Onkel Ettore Modiglianis Frau war Nelly Nathan, die Enkelin des Bürgermeisters von Rom, der bis 1938 Direktor der Pinacoteca di Brera gewesen war. Zwei Familien, die heftig um ein freies Leben gekämpft hatten und denen es gelungen war, die Vorurteile gewisser Kreise der römischen und neapolitanischen Bourgeoisie zu überwinden und sich Respekt zu verschaffen. Nur zwei freie Generationen zwischen dem römischen Ghetto und der Nacht von Auschwitz. Ein kurzer Einschub. Die Sturzwelle ist erneut über uns hereingebrochen.

Die Stunden in der Baracke vergehen nur langsam. Alle erschrecken, als sich die Tür öffnet und ein Skelett mit fiebrigen Augen und einem gestreiften Häftlingsanzug hereinkommt, der um seine Knochen schlottert. Die Männer umringen das Skelett. Es hat einen Eimer in der Hand, bleibt einen Moment stehen und schleppt sich dann weiter, verschwindet. Weitere folgen ihm. Es sind Lagerarbeiter. Sie haben Nachtschicht. Einer von ihnen bleibt vor mir stehen, deutet auf meinen verbundenen Knöchel und gibt mir ein Zeichen, ich solle sofort den Verband abnehmen. Ich zögere, weil ich nicht verstehe. Ein Wort höre ich deutlich heraus: Selektion. Das Skelett wendet sich an die Männer und spricht erregt zu ihnen. Es redet auf Deutsch. Jemand übersetzt. Wir sollen auf der Stelle alles entfernen, was auf irgendeine körperliche Behinderung hinweist, Wunden oder Krankheiten. Es wird immer strenger selektiert.

Die Gaskammern und Öfen arbeiten in dicht gedrängtem Rhythmus. Wer nicht arbeitsfähig ist, wird beseitigt. Ich reiße sofort den Verbandmull und die Bandage herunter, die ich um meinen Knöchel gewickelt habe. Die Worte scheinen nicht aus dem Mund eines Menschen zu kommen, sondern von der Nacht selbst. Wir flehen Papa an, seinen Gipsverband abzunehmen. Papa schüttelt den Kopf. Er scheint nicht zu verstehen, was wir ihm sagen, denn er lässt sich einfach zwischen uns fallen und bleibt reglos sitzen, mit geschlossenen Augen. Mama nimmt seine Hand und drückt sie. Roberto, Paolo, Maria Luisa, Bice und ich scharen uns um unsere Eltern und Giorgio. So verbringen wir den Rest der Nacht, und was immer ich über diese Zeitspanne sagen könnte, es hätte in Worten ausgedrückt keinen Sinn, es wäre nur ein schwacher Schatten der Wirklichkeit. Ich würde es mir selbst stehlen, meinem Innersten, das nur mir allein gehört.

Grau kündigte sich der Morgen vor den Fenstern der Baracke an, als die SS-Soldaten hereinstürmen. Mit gezückten Maschinenpistolen stellen sie sich um uns auf, schließen uns in einem Kreis ein. Drei Offiziere, von denen einer das Abzeichen eines Arztes trägt, befehlen uns, aufzustehen und uns in einer Reihe aufzustellen. Jeder, der aufgerufen wird, macht einen Schritt nach vorn, und der Arzt mustert ihn, untersucht ihn, tastet ihm die Armmuskeln ab. Wir werden in drei Gruppen eingeteilt: die Alten, die jungen Männer und die jungen Frauen. Alles geschieht ganz rasch. Wir haben nicht einmal Zeit, uns zu verabschieden: Inmitten eines Ansturms geschriener Befehle verlässt die Gruppe der jungen Frauen als Erste die Baracke. Wir schaffen es nicht, uns noch einmal umzudrehen, nicht einmal kurz, um Mama, Papa und unsere Brüder noch einmal anzuschauen. Brutal werden wir nach draußen gedrängt, in den Schlamm, der sich in der eisigen Luft an unsere Schuhe heftet. Signora Saralvo ist nicht bei uns: Weinend hat sie dem Arzt gesagt, sie sei krank. Sie wird der Gruppe der Alten und Kranken zugeteilt.

Es ist der 28. Oktober 1944.

Die Luft war kalt und neblig. Ein trostloses Grau zwi-schen der vermeintlichen Ordnung der Baracken. Das Geschrei von Männern, das Gebell von Hunden. Kommandopfiffe. Der Schlamm, dick und klebrig, reicht bis zu den Knöcheln. Gespenstische Reihen im Nebel, unbewegt, wartend; auf den Freiflächen zwischen den Baracken Schatten von Männern, die sich gegenseitig stützen. Das, was uns da empfing, als wir den Ort verließen, an dem wir die Nacht verbracht hatten, lässt sich in der Sprache der Menschen nicht beschreiben. Auch heute, im Abstand von fünfzehn Jahren, weigert sich mein Gedächtnis, das all dies doch aufgenommen hat, es an die Gedanken und den Verstand weiterzugeben. Sosehr ich mich auch anstrenge, auf der Leinwand meines Geistes rasen die Bilder dahin, wie ein Film, der zu schnell abgespult wird.

Mühsam schleppten wir uns dahin, erschöpft von der langen Fahrt und vom Hunger, von der Nacht in der Baracke und dem Entsetzen, das unsere Selbstwahrnehmung verdunkelte. Bice ging zwischen Maria Luisa und mir. Wir schauen nicht hin, sagten wir zueinander. Und so hielten wir den Blick auf den Schlamm gerichtet, einen eigenartigen Schlamm, den wir noch nie gesehen hatten. Das war kein Gemisch aus Erde und Wasser, sondern etwas Organisches, das sich zersetzt zu haben schien, verwestes Fleisch, das sich zu Jauche verflüssigt hatte. Zugleich aber schien es zu leben. Als hätte sich die tote Substanz zu einem heimtückischen und hinterhältigen Monster verlebendigt, das uns an den Knöcheln packte und daran hinderte, so schnell zu gehen, wie es uns befohlen worden war. Ich weiß nicht mehr, wie lange wir diese Qual erdulden mussten, ohne den Blick heben zu dürfen, da wir ansonsten vor Entsetzen vergangen wären. Wir waren an die zwanzig junge Frauen. Sie führten uns zu einer großen Baracke, wo wir uns in Reih und Glied aufstellen mussten. Eine nach der anderen traten wir vor, um unsere Personalien anzugeben. Nach der Registrierung befahlen uns die Aufseherinnen weiterzugehen. Noch eine Baracke. Dort durchsuchten sie uns aufs allergenaueste. Nichts entging den kundigen Händen der Kapos. Doch wir hatten nichts bei uns. Das Wenige, was wir aus Bozen mitgebracht hatten, war an dem Ort geblieben, wo die erste Selektion stattgefunden hatte. Auch die Äpfel, die niemand essen mochte, auch die Jungen nicht. Wir verbrachten viel Zeit – wie viel, konnten wir nicht ermessen – in der Baracke, wo wir durchsucht wurden. Als wir wieder hinausdurften, war es beinahe dunkel. Ein ganzer Tag war vergangen. Aus den Kaminen der Verbrennungsöfen züngelte oben eine Flamme, die das immer dunkler werdende Grau um uns herum durchbrach. Ein starker Gestank lag in der Luft. Wir dachten an unseren Vater, unsere Mutter und unsere Brüder und wünschten uns, dass unseren Eltern der Schlamm und dieser Anblick erspart bleiben möge. Es war unvorstellbar für uns, dass sie Gewalt erleiden könnten. Noch heute verschwimmen meine Gedanken, wenn ich mir vorstelle, wie sie umgekommen sind, so als würden sich schwarze Flecken vor mein geistiges Auge schieben. An jenem Abend versuchten wir, wie schon am Morgen, uns nicht umzusehen und den roten Widerschein dieser Flamme nicht zu beachten.

Auch am zweiten Tag wanderten wir von Baracke zu Baracke, um eine letzte Reihe von Registrierungen machen zu lassen, deren Zweck wir nicht verstanden. Seit wir in Auschwitz angekommen waren, hatte man uns nicht ein Stückchen Brot gegeben. Erst am vierten Tag, nach der Dusche und der Rasur, bekamen wir etwas zu essen. Wenige Stunden zuvor hatte man uns die Nummern in den Arm tätowiert: Maria Luisa A26698, mir A26699 und Bice A26700. Ein Napf mit dünner Brühe und eine Scheibe Schwarzbrot. Maria Luisa sagte, wir sollten unbedingt etwas essen. Sie wollte gerade mit gutem Beispiel vorangehen, als wir hinter uns eine Stimme fragen hörten: «Seid ihr Italienerinnen?»

Wir drehten uns um. Eine leichenblasse, magere Frau deutete ein Lächeln an. Sie stellte sich als Dottoressa Morpurgo aus Triest vor und fragte uns, ob wir vielleicht etwas von ihrer Schwester wüssten, die in Genua lebte. Ob wir mitbekommen hätten, dass sie verhaftet wurde, und ob sie womöglich mit demselben Zug wie wir hierher gekommen sei. Wir verneinten. Die Frau schien sich zu beruhigen und erkundigte sich dann nach uns. Wir fragten sie wiederum, ob wir wohl unsere Eltern und Brüder sehen könnten.

«Eure Brüder, wenn sie überleben ... Eure Mutter und euren Vater nicht. Sie sind schon vergast worden.»

Sie deutete in die Richtung, in der sich die Kamine mit ihrer düsteren roten Flamme erhoben. Traurig redete sie weiter, während wir weinten, und sagte, wir sollten die Wirklichkeit so akzeptieren, wie sie sei, sollten jedes Gefühl, jede Illusion bereits im Keim ersticken und nur ans Überleben denken. Sie sagte auch, es sei nicht richtig, dass wir den Tod unserer Eltern beweinten: Unter diesen Umständen sollten wir uns freuen, dass unser Vater und unsere Mutter gestorben waren. Es war das Beste, was ihnen hatte passieren können. Bice schien zu Eis erstarrt zu sein. Ich spürte, dass eine eisige Kälte von ihr ausging. Maria Luisa war völlig in Tränen aufgelöst. Dottoressa Morpurgo strich ihr sanft übers Haar.

Bevor die Aufseherinnen ihr befahlen, sich zu entfernen, konnte sie uns gerade noch zuraunen, dass wir wahrscheinlich nicht in Auschwitz bleiben würden. Einige Abteilungen des Lagers waren bereits evakuiert worden. Sie bestätigte, dass die Selektionen nun täglich stattfanden und gnadenlos streng waren. Zu Tode betrübt fügte sie hinzu: «Die Bestie ist tödlich verwundet und schlägt daher, wenn das überhaupt möglich ist, noch wilder um sich.»

Sie schlossen uns im Block 12 ein, wo wir unseres

Schicksals harrten. Wenn ich jene Tage Revue passieren lasse, stoße ich in meiner Erinnerung nur auf Dunkel, auf tiefe Nacht. So als wäre mein Verstand gelähmt.

Ein paar Tage später verbreitete sich das Gerücht, wir würden am folgenden Tag abtransportiert werden. Mitten in der Nacht weckten sie uns zum Appell. Wir mussten uns auf einem stockfinsteren Vorplatz aufstellen, nur die rote Flamme der Kamine züngelte in der Dunkelheit. Um die Kälte nicht zu spüren, versuchten wir uns mit den seltsamsten und verrücktesten Gedanken abzulenken. Doch die Kälte kroch unter die Haut, ging bis auf die Knochen, legte sich lähmend aufs Gehirn. Endlich erteilten sie uns den Befehl zum Abmarsch. In Reih und Glied gingen wir im Dunkel dahin, ohne zu wissen, wohin. Im blassen Morgenrot kamen wir vor einem Zug zum Stehen. Wir stiegen in die Waggons ein, und die deutschen Wachen ließen die schweren Türen einrasten. Als sich der Zug in Bewegung setzte, versuchten Maria Luisa, Bice und ich einen letzten Blick auf Auschwitz zu werfen: Unsere Eltern und Brüder waren dort. Insgeheim hegte jede von uns die Hoffnung, dass trotz allem, trotz allem, was wir gehört und erfahren hatten, Mama und Papa noch am Leben waren und dass wir sie zusammen mit Paolo, Roberto und Giorgio wiedersehen würden.

Diese zweitägige Fahrt spottet jeder Beschreibung. Wir waren alle am Ende unserer Kräfte. Ohne uns zu rühren, ohne zu sprechen, lagen wir gleichsam übereinander. Nach einer Phase heftiger Magenkrämpfe schien sich der Hunger beruhigt zu haben. Ich hatte das Gefühl, keinen Magen, überhaupt keine Form mehr zu haben. Weder Vergangenheit noch Zukunft. Und dennoch wusste ich, dass dies erst der Anfang war. Wenn wir die Furcht erregenden Skelette unserer Leidensgenossinnen sahen, konnten wir ermessen, was uns noch erwartete.

Dann blieb der Zug stehen, und nach einem langen Aufenthalt wurden die Türen wieder geöffnet. Wir hatten das Gefühl, genau dort angekommen zu sein, von wo aus wir gestartet waren.

Vor uns war die Nacht, eine neblige, eisige Nacht – und ein Meer aus Schlamm. Die Baracke, die vor uns lag, schien den Träumen eines Wahnsinnigen entsprungen zu sein: Es stank bestialisch, dicht an dicht reihten sich Stockbetten, die von Lemuren bevölkert waren. Wir drängten uns hinein, nur bestrebt, uns gegenseitig zu wärmen. Eine von uns hatte sich im Gehen erkundigt, wo wir waren.

«In Belsen …», hatte es geheißen.

Am nächsten Morgen begannen die Appelle im Freien, in der eisigen Luft eines überaus strengen Winters. Wir mussten erfahren, was wirkliche Grausamkeit bedeutet. Wegen einer kleinen Unachtsamkeit bei der Arbeit wurde Maria Luisa vor Bices und meinen Augen bis aufs Blut geprügelt. Jeden Morgen, wenn wir aus den Baracken kamen, trieben uns die Aufseherinnen einzeln mit Stockschlägen und Peitschenhieben zur Eile an. Am ganzen Körper hatten wir blaue Flecken. Abends beim

Einschlafen graute uns bereits wieder vorm Aufwachen am nächsten Morgen.

Einen Monat nach unserer Ankunft verließen wir Belsen wieder. Maria Luisa, Bice und ich wurden zusammen mit einer Glaubensgenossin aus Triest, an deren Namen ich mich nicht erinnere, zweien aus Lodi, Signora Eleonora Recanati Foà aus Turin und Signora Noemi Jona aus Rom einer Gruppe von siebenhundert ungarischen Jüdinnen zugewiesen und in ein Lager in der Nähe von Braunschweig gebracht. Wie lange die Fahrt dauerte und unter welchen Umständen sie verlief, weiß ich nicht mehr. Die Erinnerungslücken werden immer größer. In Braunschweig wurden wir in einem Stall untergebracht, wo allenfalls dreihundert Leute Platz gehabt hätten. Es gab nur einen einzigen Wasserhahn, und die Latrine war ein Holzhäuschen aus windigen, morschen Brettern. Jeden Tag durchquerten wir im Morgengrauen die Stadt, bis wir zu den ausgebombten Vierteln gelangten. Maria Luisa, Bice und ich gingen wenn möglich Hand in Hand. Bice war sehr schwach geworden und litt seit den letzten Tagen in Belsen an akuter Ruhr. Maria Luisa war am widerstandsfähigsten. Sie hatte zwar abgenommen, und ihre Brust und die Hüften waren verschwunden, doch ihr Geist und ihre Nerven waren zäh. Oft sang sie für uns, damit wir nicht aufgaben. Sie war mehr als unsere Schwester, für Bice und mich hatte sie die Mutterstelle eingenommen. Morgens, auf dem Weg zur Arbeit, versuchte sie sogar, uns abzulenken, indem sie mal auf ein Wohnhaus, mal auf einen

Baum oder sonst irgendeinen Gegenstand deutete. Häufig warfen die Passanten mit Steinen nach uns, und manchmal drängte sich jemand vor und bespuckte uns. Doch wir lernten auch ein anderes, wirkliches Deutschland kennen, das nicht vom Nazismus verseucht war. Eines Morgens, nach ein paar Stunden Arbeit, ging es Maria Luisa auf einmal schlecht. Sie fiel in den Schutt, den sie gerade wegschaufelte. Bice und ich halfen unserer Schwester auf, damit sie nicht im Schnee und in der Kälte liegen bleiben musste, und führten sie zu einem Hauseingang. Dort standen wir ein paar Minuten, gebeutelt von der Furcht, die Aufseherinnen könnten unser Fehlen bemerken, und der noch größeren Furcht, der Zustand unserer Schwester könnte sich weiter verschlimmern, als das Haustor, das wir angelehnt hatten, aufging. Herein kam eine alte Deutsche mit weißem Haarkranz, eine Thermosflasche in den Händen. Sie gab uns zu verstehen, dass dies für Maria Luisa war. Der warme Tee brachte unsere Schwester wieder ein wenig zu Kräften. Die Frau kramte in der Tasche ihrer Schürze, die sie unter dem schweren Mantel trug, und holte ein Stück Brot hervor, das sie in drei Teile brach und uns gab. Mit einem letzten Blick, in dem wir etwas von dem wiederfanden, was wir verloren hatten, entfernte sie sich. Als wir wieder mit der Arbeit weitermachten, sahen wir sie hinter den Fenstern des Hauses, das dem zerbombten gegenüberstand.

Auch Signora Eleonora Recanati Foà fand Deutsche, die ihr halfen. Sie hatte eine Wunde am Bein, die zu citern drohte. Ich weiß nicht, ob sie sich in einer Apotheke oder in einer Wohnung in unmittelbarer Nähe zu unserer Arbeit behandeln ließ, sodass das Schlimmste verhindert werden konnte. Die Aufseherinnen bemerkten jedoch, dass sie fehlte und was vorgefallen war.

In Braunschweig kam es auch zu einer Begegnung mit italienischen Zivilisten, die dort als Erdarbeiter tätig waren und jeden Morgen die Schaufeln und Pickel austeilten. Noch nie hatten sie im Vernichtungslager Deportierte gesehen. Unser gespenstisches Aussehen jagte ihnen einen Schrecken ein. Als sie erfuhren, dass unter den Ungarinnen auch Italienerinnen waren, hatten sie sich auf die Suche nach uns gemacht. Auch ihnen ging es keineswegs gut, und ihre Verpflegung war spärlich. Sie dachten sich alle möglichen Tricks aus, um uns morgens beim Austeilen der Werkzeuge ein Stück Brot zuzuschieben, manchmal waren es nur ein paar weiche Krümel. Mehr hatten sie nicht. Wenn sie uns nichts geben konnten, empfingen sie uns schon mit einem traurigen Gesicht. Sie bemühten sich auch um unsere Winterausstattung. Wir waren dem Winter völlig ausgeliefert. Unsere Hände waren rissig und bluteten. Sie konnten nicht viel tun, doch sie gaben uns zerschlissene Handschuhe, Decken- und Stofffetzen, damit wir uns so gut wie möglich zudecken konnten. Bice schenkten sie eine blaue Kapuze, die bis zum Hals reichte. Es war Anfang Januar 1945.

Als wir eines Abends in die Baracke zurückgekehrt waren, kam eine Aufseherin herein und las eine Liste mit Namen vor: zuerst lauter Ungarinnen, dann zwei Italienerinnen. Eine davon war Maria Luisa. Der Befehl, sich aufzustellen, erfolgte so rapide, dass Maria Luisa laufen musste. Wir glaubten, sie müsse nachts arbeiten, und machten uns Sorgen, da sie von dem langen Tag schon so müde war. Am Morgen nach dem Aufstehen dachten wir, wir würden sie sicher gleich wiedersehen, wo wir doch schon beim Aufwachen gehofft hatten, dass sie neben uns lag, weil sie bereits in der Nacht zurückgekommen war. Abends konnten Bice und ich nicht rasch genug in den Stall zurückkehren. Maria Luisa war nicht da. Eine Ungarin gab uns zu verstehen, dass sie mit den anderen fortgebracht worden war, zu einem weit von unserem entfernten Lager. An jenem Abend klammerten Bice und ich uns aneinander und weinten verzweifelt.

Nachdem Maria Luisa fort war, verschlechterte sich Bices Zustand. Sie weinte oft und jammerte und wurde zusehends schwächer. Ihre achtzehn Lebensjahre schienen zusammengepresst, beinahe verschrumpelt, wie ein Blatt, das noch grün abgerissen wird und im Staub vergilbt. Sie wurde immer mehr zu einem jener alterslosen, bleichen und fast papierenen Wesen, die etwas Unmenschliches haben. Sie war gebrechlich, bewegte sich langsam, als koste sie jeder Schritt, jede Geste unendliche Mühe. Solange Maria Luisa da war, konnten wir ihr zu zweit helfen; danach blieb nur noch ich übrig. Ich musste sie allein die Straße zur Arbeit entlangführen, musste sie allein vor den Aufseherinnen schützen. Ich allein half ihr bei den größten Anstrengungen und zwang mich, sie am Leben zu erhalten. Dann ertappte ich mich dabei, wie auch ich die einfachsten Handgriffe als entsetzlich schwierig und kompliziert empfand. Ich hatte kein Fleisch mehr, nur noch Haut spannte sich über meine Knochen.

Was mir am besten gelang, war, bei ihr zu bleiben und sie nicht aus den Augen zu lassen. Abends litt ich, weil wir getrennt schliefen. Bice bei den Ungarinnen, neben einem Holzgerüst, das wohl einmal als Halterung für einen Ofen oder Gerätschaften gedient hatte, ich dagegen an eine Wand des Stalls gedrängt.

Am Abend des 13. Januar klagte Bice mehr als sonst auf dem Rückweg. Die Krankheit ließ ihr keine Sekunde Ruhe. Ständig quälte sie sie, bei der Arbeit, auf der Straße, auf dem Stroh. An jenem Abend musste meine Schwester sich nach dem ersten Löffel Suppe übergeben, sie schob den Napf beiseite und warf sich auf ihr verfaultes Lager. Ich blieb neben ihr sitzen, bis die Ungarinnen mich fortscheuchten. Ich wollte wach bleiben, damit ich hörte, wenn Bice stöhnte, doch ich war so erschöpft, dass ich sofort in tiefen Schlaf fiel. Wie üblich weckten die Aufseherinnen uns im Morgengrauen mit lauten Schreien und drohend erhobenen Stöcken. Ich lief zu Bice hinüber. Sie hatte die Augen geöffnet und starrte an die Decke. Es schien, als hätte sie überhaupt nicht geschlafen. Ich versuchte, sie aufzuheben und zum Aufstehen zu bewegen. Auf dem Vorplatz gaben die Aufseherinnen bereits den Befehl zum Appell. Bice versuchte, sich aufzurichten, fiel jedoch wieder zurück aufs Stroh. Ich schüttelte sie. Vergebens. Verzweifelt rannte ich hinaus.

Eine der Aufseherinnen schwang drohend den Stock, als sie mich sah. Ich weinte und schrie, um ihr verständlich zu machen, dass es Bice zum Arbeiten zu schlecht ging. Wie eine Furie stürzte sich die Aufseherin auf mich. Sie drosch auf mich ein, schlug mich auf den Kopf, ins Gesicht, auf die Brust, doch ich weinte und schrie nur weiter, spürte den Schmerz nicht, spürte gar nichts, fürchtete nur, ich könnte mich nicht verständlich gemacht haben und die Aufseherin würde gleich in den Stall gehen und auch Bice prügeln. Es gelang mir, die Frau am Arm zu packen und zum Stall zu zerren. Endlich schien sie zu begreifen, was ich ihr sagen wollte. Sie kniete sich vor Bice hin, warf einen raschen Blick auf sie, brummte mir etwas zu und jagte mich wieder hinaus. Meine Schwester blieb auf dem Stroh liegen, während ich mich in die Schlange einreihte und mit den anderen zur Arbeit marschierte. Der Tag verging entsetzlich langsam. Es ist nicht einfach zu beschreiben, inwiefern das Vergehen der Zeit lediglich eine Übereinkunft ist und dass jeder seine eigene Zeit hat, die sich dehnt und zusammenballt, ganz unabhängig von einer Maßeinheit. Als es Abend wurde, hatte mich das Warten mehr ausgelaugt als die körperliche Anstrengung.

Bice lag noch immer so da wie am Morgen. Neben ihr stand ein halb voller Napf mit Suppe, ein Stück Brot lag auch da. Gleich als sie mich hereinkommen sah, deutete sie mit einer leichten Bewegung des Kopfes darauf. Ihr Kopf steckte in der blauen Kapuze.

Ich schaute sie an, Furcht und Hoffnung prallten in meinem Inneren aufeinander. Bice wirkte entspannt, ihre Augen leuchteten beinahe. Ich fragte sie, wie es ihr gehe. Zum ersten Mal seit vielen Tagen antwortete sie mir, es gehe ihr sehr gut. Ich bat eine Ungarin, heute Nacht neben meiner Schwester schlafen zu dürfen, bekam aber nicht einmal eine Antwort. Auf der Stelle ließ sich die Frau auf ihr Lager fallen und schloss die Augen. Ich versuchte krampfhaft, wach zu bleiben. Doch die Müdigkeit war stärker als der Wille. Der Schlaf war nur ein rasches Auf- und Zuschlagen der Lider. Von der Dämmerung bis zum Morgengrauen verging nur ein kurzer Moment. Ich wachte auf, als die Aufseherinnen herumschrien. Bice lag reglos da, die Augen noch immer seltsam starr nach oben gerichtet. Wegen ihres Durchfalls war das Stroh unter ihr und um sie herum faulig. Mit schwacher Stimme wiederholte sie, es gehe ihr sehr gut. Wahrscheinlich hatte sie schon einen Zustand erreicht, in dem es kein Leiden mehr gab. Als der Appell vorbei war, kniete ich vor der Aufseherin nieder, die mich tags zuvor geprügelt hatte, und bat sie, bei meiner Schwester bleiben zu dürfen. Immer wieder sagte ich «Tod», das einzige Wort, das ich auf Deutsch kannte. Ich kauerte vor dieser Frau, mit der Stirn berührte ich beinahe den Boden. Der Stock sauste auf meine Schultern herab, und ich spürte einen heftigen Schmerz in der Brust. «Mama, Mama!», rief ich. «Mama, Mama, hilf mir! Bice liegt im Sterben, mach, dass diese Frau begreift, dass sie eine Spur von Menschlichkeit zeigt.» Ich lag noch gekrümmt am Boden, als ich die Schritte der Kolonne hörte, die sich entfernte. Wie eine Wahnsinnige rannte ich zu Bice hinein.

Bice fragte mich nicht einmal, weshalb ich nicht zur Arbeit gegangen war. Ich nahm ihre Hand und drückte sie. Etwas später dachte ich, es könne nicht schaden, wenn ich Bice wusch und ihr Lager ein wenig säuberte. Liebevoll fasste ich sie unter den Achseln und wollte sie gerade hochheben, als mich ein langes Röcheln erstarren ließ. Ich legte Bice wieder hin und nahm ihre Hand. So verharrte ich den ganzen Tag, ohne mich zu rühren, ohne zu sprechen, in der absurden Hoffnung, ich könnte so diesem Körper Wärme und Leben spenden. Ich wusste, was passieren würde, wollte es aber nicht wahrhaben. Bice war die letzte wirkliche Verbindung zur Vergangenheit, die mir noch geblieben war. Mit wachsender Angst stellte ich fest, dass ich immer längere Aussetzer hatte, mein Geist immer häufiger abdriftete, der Lebenswille immer schwächer wurde. Ich kannte diese Symptome, weil andere oft davon gesprochen hatten, ich wusste, was sie bedeuteten. Solange Bice bei mir war, würde ich mich nicht davon anstecken lassen, dessen war ich mir sicher. Doch blitzten diese Gedanken nur kurz auf; ansonsten war ich völlig mit Bices Schicksal beschäftigt.

Ich sah meine Schwester als kleines Kind vor mir, noch einmal sah ich sie aufwachsen, ganz ernst und ruhig wie unsere Mutter, unfähig, gegen jemanden Groll zu hegen, ein herzensguter Mensch. Bice war Teil einer von Angst und Furcht, aber auch von Zuneigung geprägten Vergangenheit. Wir gingen zusammen zur Schule, wo wir die «Artischocken-Schwestern» genannt wurden, worüber wir immer ein wenig lachen mussten. Artischocken, weil wir so empfindlich und stachelig wirkten. Zu unseren Klassenkameradinnen sagten wir: Wir würden euch gern zu uns nach Hause einladen, aber wie sollen wir das machen? Bei uns ist es ganz unordentlich. Erst müssen wir Ordnung schaffen, das dauert ein ganzes Schuljahr. Wenn eine partout nicht nachgab, konnten wir grob werden. Ich dachte an die unglückliche Lage meines Vaters und dann, nach 1938, an den Zusammenbruch, der ihn frühzeitig altern ließ, weshalb wir, seine Töchter, uns bemühten, ihn zu zerstreuen, damit er wieder fröhlich wurde: Tausende und Abertausende Bilder von unserer Wohnung, unserer Familie umschwirrten Bice und mich an jenem Tag. Vielleicht erkannte Bice sie nicht als Bilder, sondern erlebte sie als Realität. Vielleicht war sie von einer langen Reise heimgekehrt, hatte an die Tür geklopft, und nun öffnete Mama ihr, wir alle kamen auf sie zu, umarmten und küssten sie. Keiner von uns sprach von Verfolgung oder Flucht; der Himmel war blau, und das Licht strömte blau und grün aus dem Garten vor unserem Haus herein. Giorgio tanzte mit Bice, und wir klatschten dazu, und Bice erinnerte sich nicht mehr an das, was geschehen war. Auch nicht daran, dass sie weg gewesen und wieder zurückgekehrt war. Eine zeitliche Lücke schloss sich, die Wunden verheilten, und vielleicht nahm Bice ihr Leben wieder zu jenem Zeitpunkt auf, als die Vorboten des Unheils noch nicht bei uns angelangt waren. Vielleicht antwortete Bice mir deshalb, es gehe ihr sehr gut, und blieb, ohne zu klagen, liegen, mit ihrem Gesicht, das so weiß war wie ein Blatt Papier.

Als die Ungarinnen zurückkamen, musste ich mich von meiner Schwester entfernen. Ich schäme mich, dies zu schreiben, aber obwohl ich mich mit allen Kräften dagegen wehrte, schlief ich auch an diesem Abend ein. Plötzlich schreckte ich auf. Schon kündigte sich die Dämmerung an. Ich rief Signora Foà und bat sie, nach Bice zu sehen. Noch ganz verschlafen stand Signora Foà mühsam auf. Sie stieg über die anderen Frauen, die sich im Schlaf beschwerten, und gelangte so zu Bices Lager. Sie beugte sich über sie und blieb einen Augenblick reglos. Ich sah, wie sie eine Hand ausstreckte, um meine Schwester zu berühren. Ich schloss die Augen. Mama, Mama …, flehte ich im Stillen. Signora Foà kam zu mir und legte mir eine Hand auf den Kopf. Sie ist tot, flüsterte sie.

Neben Bice sitzend sah ich, wie nach und nach ein grauer Schneetag anbrach. Im Lauf des Tages kam eine Aufseherin und wollte Bices Personalien von mir wissen. Ganz beflissen trug sie alles in eine Liste ein. Dann ging sie, ohne einen Blick auf den leblosen Körper geworfen zu haben. Am Nachmittag wurde der Leichnam abgeholt. Sie trugen ihn aus dem Stall und legten ihn auf eine Bank neben der Tür zur Latrine. Es schneite. Sie warfen einen Sack über meine Schwester, der gerade einmal ihren flachen Bauch bedeckte. Der Kopf, den die blaue Kapuze wie ein Heiligenschein umgab, wurde eingeschneit und Hände und Beine auch. Am nächsten Morgen, vor dem Appell – zu dieser Zeit durften wir die Latrine benutzen –, ging ich noch einmal zu Bice. Abends schaute ich erneut vorbei und auch am Morgen und am Abend des nächsten Tages und am nächsten und am übernächsten Tag ebenso. Nach vier Tagen schaute kaum noch etwas von Bice unter dem Schnee hervor. Von diesem Moment an sind meine Erinnerungen konfus, zusammenhanglos und unpersönlich. Das Unterbewusstsein hält sie wie ein böses Tier gefangen, das in mir haust. Ich sollte mich davon befreien, schaffe es aber nicht. Es gelingt mir nicht, sie wieder ans Bewusstsein zu bringen.

Ich erinnere mich noch, dass ich Ende März mit Signora Foà, Signora Noemi Jona, der Jüdin aus Triest, und einer Gruppe Ungarinnen in ein anderes Lager verlegt wurde, nach Berndorf.* Ob das die richtige Schreibweise ist, weiß ich nicht. Ich habe den Namen immer nur gehört, aber nie geschrieben gesehen. In Berndorf gab es eine unterirdische Fabrik, in der Flugzeugteile hergestellt wurden. In den Gewölben war die Luft mild, beinahe warm; nach der entsetzlichen Arbeit in den Trümmern Braunschweigs kam uns die laue Luft wie Sommer vor. Ich habe eine gleichsam animalische Erinnerung daran, ein rein körperliches Wohlsein, ohne Beteiligung des Geistes. Signora Foà arbeitete in einer anderen Schicht als ich. Die Frau aus Triest blieb bei mir: zwei Italienerinnen unter Hunderten von Ungarinnen. Die Triestinerin sah zum Fürchten aus, so mager war sie. Eines Abends schien sie jeder Lebensmut zu verlassen. Wenn das passierte, war der Tod nahe. Sie drückte sich an mich und flüsterte mir ins Ohr, dass sie wegen

---

◼ Gemeint ist Beendorf bei Helmstedt, ein Außenlager des KZ Neuengamme.

ihrer Pflegemutter verhaftet worden sei, die sie verraten habe. Mein Vater muss das wissen, sagte sie immer wieder. Er muss das wissen. Am nächsten Morgen erwachte sie verwirrt und nahm wieder ihr gewohntes Leben auf. Ein paar Tage später war sie auf einmal verschwunden. Ich sah sie nie wieder.

Damals zerbrach bei einem banalen Vorfall meine Brille. Ich hatte das Gefühl, blind geworden zu sein. Die Welt um mich herum schrumpfte zusammen. Sie verwandelte sich in schemenhafte, schwer zu fassende Formen. Ich war allein und blind. In meinem Gedächtnis ist hier eine Leere, die ich nicht einmal versuche zu füllen, denn ich weiß, es ist unmöglich. Die Leere wird unterbrochen. Wir laufen in einer Kolonne wie verrückt durch Berndorf. Sie stoßen uns in einen Waggon hinein und schließen die Tür. Der Zug setzt sich in Bewegung. Wieder einmal habe ich keinen Orientierungssinn und weiß nicht, in welche Richtung wir fahren. Als der Zug anhält und die Türen geöffnet werden, sehe ich undeutlich, wie einige von uns Körper packen und sie hinauswerfen. Das geschieht noch oft. Ich wache auf und spüre etwas zugleich Weiches und Hartes unter mir. Ich berühre es. Das sind Beine, ein Bauch, ein Bett. Ein Gesicht. Eiskalt. Ich habe auf einer Toten geschlafen. Wieder Leere. Chöre aus Schreien, wie langes, heftiges Heulen des Windes. Ab jetzt weiß ich nicht mehr, ob die Bilder in meinem Gedächtnis Bruchstücke der Realität darstellen – die ganze Realität kann unmöglich aufgezeichnet worden sein – oder ob es Halluzinationen sind.

Der Zug hält noch einmal an, wir müssen aussteigen und denjenigen helfen, die es nicht selbst können: Zwei Ungarinnen packen mich unter den Armen; in der Ferne erkenne ich undeutlich die Gefährtinnen auf einem Vorplatz, ich komme wieder zu Bewusstsein und liege auf einmal mit dem Gesicht im Staub, ich habe quälenden Durst, ich blicke mich um, der Platz wird zu einer endlosen Ebene, ich bin allein, schreiend stehe ich auf, zu Tode erschrocken, und beginne zu laufen, eine Regentonne, ich beuge mich darüber, um zu trinken, das Wasser ist schmutzig, ich befürchte, es könnte schädlich sein, trinke aber weiter, dann laufe ich wieder weiter, vor mir ist eine Mauer, eine Baracke, jemand legt mich auf einen Strohsack, dann nichts mehr.

Auch die Erinnerungen an die folgenden Tage sind verworren. Von dem Strohsack, auf dem ich lag, sah ich durch die Scheiben eines Fensters stapelweise Kisten und khakifarbene Uniformen; wirre Gesprächsfetzen drangen an mein Ohr, das Dröhnen von Motoren übertönte auf einmal jedes andere Geräusch, ein Dröhnen, das in meinem Kopf lange nachhallte. Ich hatte Schmerzen und hohes Fieber. Ich war zu keiner Bewegung und zu keinem Gedanken fähig.

Neben mir spürte ich in derselben Baracke die Anwesenheit anderer Frauen, aber ich könnte nicht sagen, wer sie waren und wie viele. Der Schleier des Unbewussten zerreißt, als eine Stimme verkündet, dass ich am nächsten Tag ins Krankenhaus gebracht würde. Entsetzen packt mich: Ich schreie. Ich will nicht ins Krankenhaus, denn ich weiß, was das bedeutet: Ich will nicht vergast werden. Ich versuche aufzustehen, zum Beweis, dass es mir bestens geht. Ich kann arbeiten, natürlich kann ich arbeiten, ich stehe aufrecht da, fuchtele mit den Armen, ich brauche nicht behandelt zu werden. Dann tauche ich wieder ins Unterbewusstsein ab, in die Zeitlosigkeit. Zwei Männer mit einer Bahre kommen auf mich zu. Ich beginne wieder zu schreien. Ich klammere mich an den

Strohsack, an die Laken. Ich bin nicht krank, mir geht's bestens. Ich fühle mich stark. Noch nie habe ich so viel Energie besessen. Um Himmels willen, verschont mich. Die beiden Männer stehen vor mir. Ich rufe Mama zu Hilfe, Roberto, Paolo, sie sollen die beiden daran hindern, mich wegzubringen. Ich habe das Gefühl, wie ein wildes Tier um mein Leben zu kämpfen, doch die beiden Männer heben mich ohne jegliche Anstrengung hoch und betten mich auf die Bahre. Ich schreie weiter. Sämtliche Sinne sind in höchster Alarmbereitschaft. Der Krankenwagen braust dahin. Eine breite Treppe. Eine kühle Hand auf der Stirn. Ich schlage die Augen auf. Eine Krankenschwester steht über mich gebeugt da.

«Wie geht es dir?», fragt sie auf Italienisch.

Erneut packt mich Entsetzen.

«Es geht mir ausgezeichnet. Ich kann arbeiten. Lassen Sie mich aufstehen. Ich gehe sofort zur Arbeit.»

Die Krankenschwester begreift nicht. Ich sehe ihr Gesicht heute noch vor mir, ganz dicht über meinem.

«Ich habe dich gefragt, wie es dir geht!»

Ich breche in Tränen aus.

«Sie sind doch auch Italienerin», schluchze ich, «bitte, bitte, lassen Sie mich hier raus. Lassen Sie mich in die Baracke zurück. Ich kann arbeiten. Ich will nicht vergast werden!»

Die Krankenschwester macht große Augen. In der trüben Dämmerung meines Geistes sehe ich sie immer größer werden. Sie sind riesig, zum Überfließen voll. Zwei Arme drücken mich, und eine Brust birgt meinen kahl rasierten Kopf, diesen Totenschädel mit meinem Antlitz.

Die Krankenschwester beginnt zu sprechen. Jedes einzelne Wort bringt mich langsam ins Leben zurück. Heute ist der 17. Mai, sagt sie. Der Krieg ist aus, seit neun Tagen. Du bist hier im Krankenhaus Altona, in Hamburg. Am 9. Mai wurdest du eingeliefert. Ich versuche, den Kopf zu schütteln. Nein, sage ich, unmöglich. Der Krieg ist noch nicht aus. Sagen Sie mir die Wahrheit, machen Sie mir nichts vor. Sagen Sie mir lieber, dass ich sterben muss. Die Krankenschwester streichelt meinen Kopf. Der Krieg ist aus, wiederholt sie. Warten Sie einen Augenblick. Sie kommt mit Zigaretten, Schokolade und amerikanischen Keksen zurück, breitet alles auf dem Bett aus. Ich muss lachen. Gut so!, ruft die Krankenschwester und applaudiert, so ist es gut. Genau so. Sieh dich um. Sieh nur, wie sauber alles ist. Heute Morgen schienst du wach zu sein, als die Ärzte zur Visite kamen. Glaubst du, die Deutschen würden so viele Ärzte zu dir schicken? Bist du jetzt davon überzeugt, dass der Krieg zu Ende ist? Ich lache: Ich glaub's ja, ich glaub's ja. Lassen Sie mich aufstehen. Lassen Sie mich nach Hause. Vielleicht ist meine Familie schon auf dem Weg nach Italien. Meine Familie. Eine Wolke. Die Krankenschwester gibt mir etwas zu trinken. Bleib jetzt ganz ruhig, flüstert sie. Versuch zu schlafen. Du bist krank. Sehr krank. Doch du wirst nicht sterben, sondern nach Hause zurückkehren. Wie deine Familie.

Der 26. August, ein großer Tag. Zusammen mit anderen Italienern verlasse ich auf der Bahre das Krankenhaus in Hamburg. Die Krankenschwester verabschiedet sich von mir. In ein paar Tagen wirst du zu Hause sein. Ein Krankentransport wartet am Bahngleis. Der Zug fährt fast sofort los. Eine dumpfe, tiefe Glückseligkeit überfällt mich und nährt beinahe die Hoffnung, meine Familie wiederzufinden. Mein Geist ist noch so schwach, dass ich sie einzeln aufzählen muss: Papa, Mama, Roberto, Giorgio, Maria Luisa, Bice ... Auch Bice. Nur ab und zu quält mich eine dunkle Erinnerung. Eine Bank mit einem Schneehügel darauf. Der bleierne Himmel.

Nach wenigen Stunden bleibt der Zug stehen. Die Rotkreuzschwestern gehen von Waggon zu Waggon: Wer aussteigen und eine kurze Strecke gehen kann, möge sich bitte fertig machen. Die anderen werden im Zug übernachten. Am nächsten Morgen werde ich, noch immer auf der Bahre liegend, am Boden abgesetzt. Der Anblick, der sich meinen Augen bietet, übersteigt meine Vorstellungskraft; erneut verliere ich die Nerven, die ich doch wieder einigermaßen unter Kontrolle hatte. Wir sind vor den Baracken des Lagers Belsen. Ich weiß nicht, weshalb unser Krankentransport mit dem Ziel Italien hier Station machen muss, ich kenne die Gründe nicht, die die amerikanischen Behörden, die uns doch so viel Gutes erwiesen haben, dazu zwingen, uns diese letzte Qual aufzuerlegen, doch ich brauche nur die Augen zuzumachen, und schon bricht mein Geist bei der Erinnerung an das Gesehene erneut zusammen. Der Aufenthalt in Belsen dauerte bis Mitte September.

Die Amerikaner ließen nichts unversucht und setzten ihr ganzes Wissen ein, damit wir wieder ganz gesund wurden und neuen Lebensmut sammelten. Während dieser Zeit suchte ich mit Hilfe der Rotkreuzschwestern und einiger Deportierter aus dem ehemaligen Lager, die noch hier lebten, nach Spuren von Maria Luisa. Ich dachte, sie sei von Braunschweig nach Belsen zurückgeschickt worden, doch alle Anstrengungen blieben fruchtlos.

Am 21. September 1945 sehe ich endlich Italien wieder. In dem Augenblick, in dem der Zug die Grenze überquert, geht ein einziger Freudenschrei durch die Waggons. Es war unser Leben, das der Vernichtung entkommen war, das da schrie, brüllte, sich wie verrückt aufführte.

Ich wurde ins Rotkreuzkrankenhaus in Meran gebracht. Sofort schrieb ich meinen Verwandten und teilte ihnen mit, dass ich zurückgekommen sei. Am 1. Oktober kam eine Krankenschwester auf mich zugeeilt und sagte, ich habe Besuch. So, wie ich war, stieg ich aus dem Bett und rannte hinaus: Im Halbdunkel des Korridors sah ich jemand auf mich zukommen, den ich zu kennen glaubte. Ich folgte einem unwiderstehlichen Drang und schrie: «Roberto! Roberto!» Tränen waren mir in die Augen geschossen, und ich musste erst näher kommen, um festzustellen, dass dies nicht Roberto war. Es war Carlo, der Sohn von Onkel Flavio. Ängstlich fragte ich Carlo, ob er Nachrichten von meiner Familie hätte. Mein Cousin erwiderte zutiefst betrübt, er habe

nichts von ihr gehört. Nur ich hätte bislang ein Lebens-
zeichen von mir gegeben. Doch noch war nicht alle
Hoffnung verloren, fügte Carlo hinzu. Die Ströme der
Heimkehrer hatten gerade erst eingesetzt.

Ich schrieb sofort ans Ministerium für Vermisstenhil-
fe. Am 9. November bekam ich einen ersten Antwort-
brief: «Zu unserem großen Bedauern müssen wir Ihnen
mitteilen, dass aus den Verzeichnissen, über die wir bis
dato verfügen, hervorgeht, dass am 20. März 1945 eine
Signorina Maria Luisa Sonnino, geb. am 5. Oktober 1920,
in Flossenbürg gestorben ist – wir fürchten, es könnte
sich hier um Ihre vermisste Angehörige handeln. Des
Weiteren wird in einem Verzeichnis, das wir von der jüdischen Gemeinde in Mailand erhalten haben, ‹Familie
Sonnino aus Genua› ohne weitere Angaben als gestorben bezeichnet; diese Nachricht hat uns Signor Giuseppe Mortara aus Bologna übermittelt.»

Erst zwei Jahre später, am 29. September 1948, bekam
ich einen Hinweis, was aus meinen Brüdern geworden
war. Simone Spritmann, ein Ingenieur, der auch bei unserem Transport von Bozen nach Auschwitz dabei war,
schickte mir einen Brief, aus dem ich ein paar Sätze zi-
tiere:

*In der Nacht oder vielmehr am Morgen des 28. Oktober
1944, als wir uns in der Badehalle aufgestellt hatten,
während ein SS-Leutnant vor uns auf und ab schritt,
stand ich neben Ihrem ältesten Bruder. Daran erinnere ich
mich noch sehr gut. Er klagte während der Untersuchung*

*über Spätfolgen einer Brustfellentzündung. Er wurde
der Gruppe zugewiesen, in der auch Ihr Vater war. Über
Roberto weiß ich nur wenig. Wahrscheinlich kam er zum
Transport.* Jedenfalls bin ich ihm schon bald nicht mehr
begegnet. Giorgio dagegen, der gute, sanfte Giorgio blieb
lange an meiner Seite. Er war wie ein Sohn für mich. Ich
gestehe, dass ich meine liebe Not mit ihm hatte und ihn
auch ohrfeigen musste. Dieser Junge war unfähig, sich
anzupassen. Er wollte nicht nachgeben. Nicht einmal für
die Suppe wollte er sich anstellen. Lange Zeit habe vor
allem ich ihm geholfen, zumindest solange wir in derselben Baracke lebten und dieselbe Arbeit hatten. Nichts
hat etwas geholfen, weder Schimpfen noch Scherzen. Er
ließ sich einfach gehen, bis er in den Krankenbau verlegt
wurde. Das geschah Ende November. Ich habe ihn nicht
wiedergesehen.*

Die Asche meiner Mutter, meines Vaters, von Paolo,
Roberto und Giorgio ist in Auschwitz. Maria Luisa
wurde in ein Massengrab gebracht. Wo Bice bestattet
wurde, weiß ich nicht.

Im Mai 1946 verließ ich das Krankenhaus in Meran und
wurde nach Loano in die Klinik von Professor Zanoli
gebracht, wo ich bis Mai 1948 blieb. Am 1. Juni dessel-
ben Jahres kam ich ans Istituto Codivilla in Cortina; im
September 1950 wurde ich entlassen. Mein Onkel Fla-

■■ In die Gaskammer

vio Sonnino, der Bruder meines Vaters, scheute keine Kosten, damit mir die bestmögliche Behandlung zuteil wurde.

Es waren Jahre kompletter Energielosigkeit, die ich vollkommen passiv erlebte, in totaler Isolierung. Akute Erkrankungen setzten mir zu, ich hatte mehrmals Brustfellentzündung, monatelang war ich ans Bett gefesselt, lange Zeit, auch nach meiner Entlassung aus den Kliniken, musste ich ein Korsett tragen, um meine Wirbelentzündung zu bekämpfen; das, was von meinem Lebenswillen übrig geblieben war, überlebte vielleicht nur in Form der blinden Unterwerfung, mit der ich mich jedweder Kur unterzog. Oft wurde ich von Weinkrämpfen geschüttelt, die mich völlig auslaugten. Mehr als einmal stellte ich fest, dass ich sterben wollte, die Todessehnsucht war Teil von mir, sie hatte nichts Dramatisches oder Schmerzliches an sich, sondern war beinahe etwas ganz Natürliches. In Meran, in Loano und dann in Cortina lernte ich Leute kennen; Männer und Frauen, die wie ich krank waren, Gäste derselben Kliniken, in denen ich behandelt wurde, doch ich war zu keiner wirklichen Freundschaft fähig. Es war immer noch so, als befände ich mich unter den jüdischen Ungarinnen und könnte mich nicht verständlich machen.

Am 21. September 1950 kam ich, nach sechsjähriger Abwesenheit, wieder nach Genua. Was soll ich über meine Rückkehr sagen? Über das Wiedersehen mit jener Stadt, von der ich immer geträumt und die ich so sehr herbeigesehnt hatte, die mir zur Heimat geworden war und der ich nun wieder begegnete, doch ohne die Meinen? Tante Anna und meine Cousine Giulia, die Frau des Neffen meines Vaters, hießen mich willkommen. Es hießen mich auch die Straßen und Plätze willkommen, die Orte, an denen ich mit meinen Brüdern und Schwestern gelebt hatte. Nun waren sie zu einer Wirklichkeit ohne sie geworden, zu der ich jedoch gehörte. Es waren Tage von unvergesslicher Intensität. Tage, an denen die alten Wunden wie frische schmerzten. Als ich dazu in der Lage war, erkundete ich, was aus der Wohnung in der Via Montallegro geworden war. Man hatte sie vollkommen geplündert und geleert. Von unserem ganzen Besitz war nur noch ein einziges Möbelstück übrig. Ein alter Chiffonier. Kurze Zeit später, nachdem sie von meiner Rückkehr erfahren hatte, kam eine Nachbarin aus der Via Montallegro und brachte mir, was sie an dem Tag, an dem die Wohnung ausgeräumt wurde, im Staub gefunden hatte: eine Fotografie meiner Mutter, die einzige, die ich aus ihren späten Jahren besitze.

Ich brachte ein paar Monate bei Tante Anna zu, und dann nahm mein Leben eine Wendung. Ich lernte Männer und Frauen kennen, mit denen ich mich austauschen konnte, wie ich feststellte. Es fiel mir nicht leicht, die Mauer zu überwinden, die mich von ihnen trennte. Doch als ich das geschafft hatte, kam ich mir vor wie in einer neuen Welt: einer Welt aus einfachen, optimistischen Wesen, die ganz ernsthaft waren und um die Werte des menschlichen Lebens, die Rechte des Einzelnen und die menschlichen Gefühle wussten. Ihnen ist es zu verdanken, dass ich Ordnung in mein Inneres und in die Geschichte meiner Familie gebracht habe. Und sie waren es auch, die mich dazu brachten, immer wieder vor ein Mikrophon zu treten und mit unsicherer Stimme, aber mit all meinem Schmerz und all meinen Hoffnungen zu sagen: «Genossen, Freunde, Freundinnen, meine Brüder, lasst uns alle daran arbeiten, dass keiner Familie auf Erden mehr mein Schicksal in Auschwitz zuteil wird, jene lange Nacht des Martyriums, das mein Volk und alle europäischen Völker erlitten haben ...»

Nachwort von Giacomo Papi

Sechzig maschinengeschriebene Seiten, ohne einen Fehler, ohne ein durchgestrichenes Wort. Erinnert, überarbeitet und ausgefeilt, um schließlich zweiundvierzig Jahre in einer roten Ledermappe aufbewahrt zu werden. Die Erinnerungen besaßen eine unsichtbare Gegenwart, sie waren wie ein Schatten im Haus, der in einer Schublade verschwand und Jahre später wieder auftauchte, bei jedem Umzug, nur um erneut zu verschwinden. Ein Text, der so perfekt ist, dass man nicht versteht, weshalb er nicht gleich damals veröffentlicht wurde. Vielleicht konnte Piera Sonnino, als sie, gerade achtundzwanzig Jahre alt, im September 1950 nach Genua zurückkehrte, keine Ordnung in ihre Erinnerungen bringen. Zuerst musste sie einmal versuchen zu leben. Sie lernte Antonio Gaetano Parodi kennen, der Kommunist und Theaterautor war und für die Tageszeitung *L'Unità* schrieb. Kurz darauf heirateten sie bereits. 1954 wurde die Tochter Bice geboren, 1959 Maria Luisa. Das Tagebuch wurde im darauf folgenden Jahr beendet. Es trägt ein Datum: «Genua, im Juli 1960», genau jenes Jahr und jener Monat also, in dem die Stadt, Trägerin der Goldmedaille des Widerstands, einen Kongress der profaschistischen Partei Movimento Sociale Italiano untersagte. Der Delegierte der Faschisten war der ehemalige Präfekt Basile, ausgerechnet jener Mann, der die Nazis in der Stadt willkommen geheißen und die Jagd auf die Juden eröffnet hatte. Hierin liegt das erste beeindruckende Zeichen des Berichts, in dieser zurückhaltenden, privaten Geste. Die Art und Weise, wie Piera Sonnino von den ersten Worten an die Sätze austariert, Adjektive abwägt, die Art und Weise, wie sie, bevor sie eine bestimmte Folge von Ereignissen rekonstruiert, Rechenschaft ablegt über die eigene Fähigkeit, sich zu erinnern, stellt eindrucksvoll unter Beweis, dass das Erinnern ein Privileg der Menschheit ist, ein Privileg desjenigen, der noch etwas Menschliches an sich hat. Trotz der Mühe, die Geschehnisse in einen Zusammenhang zu bringen, und selbst wenn das Gedächtnis Lücken aufweist und das Ganze unfassbar erscheint, weil es so schrecklich ist, gelingt es Piera, für sich selbst die Gesten der Zurückhaltung, der Würde und Scham zu rekonstruieren, die ihre Familie von jeder Form der Gegenwehr abhielten. Anstand kann dazu führen, sich dem Schweigen und der Regungslosigkeit auszuliefern. Genau dies ist das zentrale Motiv, das uns hilft, das Verhalten der Familie Sonnino zu verstehen, die Genua auf der Flucht immer enger umkreiste und so unweigerlich auf den Ausgangspunkt des Verbrechens zusteuerte. Den klassischsten der bürgerlichen Werte hob der Faschismus durch das in Travertin gemeißelte Lächeln hervor, das er allen abverlangte. Piera bemerkt auch dies mit großer Hellsichtigkeit: «Der offizielle Optimismus des Regimes ließ keine wirtschaftlichen Dramen im Familienkreis zu ... Ich glaube, dass er schließlich bestimmte, was uns schicklich erschien.» Familie Sonnino setzte dies in Form von Zurückhaltung, von Scheu um. So erinnert sich die Tochter Maria Luisa heute: «Wenn wir als Kinder ein Geschrei veranstalteten, sagte Mutter immer: ‹Kinder, wir wollen doch nicht auffallen!›» Nicht auffallen, das war in der Tat die einzige Strategie, welche die Sonninos – und viele, die ihr Schicksal teilten – dem wachsenden Terror entgegensetzen konnten. Sich nicht rühren, so wenig Lärm wie möglich verursachen, nicht auffallen. Starr, wie von Autoscheinwerfern geblendete Tiere.

Indem er Tagesabläufe, kleine Vorfälle und alltägliche Übergriffe schildert, untermauert der Bericht zugleich, weshalb niemand wagte, sich aufzulehnen. Darin erinnert er an Roman Polanskis Film *Der Pianist*. Die unvorstellbarsten Ereignisse werden wahr, nur weil sie geschehen. Die Grenzen des Möglichen dehnen sich jeden Tag ein Stück weiter aus, rücken immer näher an den Abgrund heran. Die Überzeugung, dass das, was existiert, nur dadurch, weil es eben existiert, eine moralische Rechtfertigung besitzt, steckt tief und lässt sich nur schwer entkräften. Der Kreis schließt sich allmählich immer enger, Tag für Tag, Stück für Stück. Die Katastrophe kam auf Zehenspitzen. «Wir hatten uns die Verhaftung wie einen Wirbelsturm vorgestellt», schreibt Piera, «der ganz plötzlich über uns hereinbrach, doch stattdessen kam er beinahe in aller Stille heran.» Und in aller Stille ist auch dieser Text wieder aus dem Dunkel aufgetaucht.

Die Idee zu dem von *Diario* initiierten Projekt stammte von zwei Lesern, Juri Guidi und Andrea Lilli. Auf der Website der Zeitschrift wurden die Leser dazu aufgefordert, Fragmente aus dem Leben ihrer Großeltern zu schicken und so Episoden, die sonst vielleicht verloren gehen würden, dem Vergessen zu entreißen. Am 17. Mai 2002, um 11 Uhr 37, erreichte uns folgende äußerst schüchtern formulierte E-Mail: «Verzeihen Sie, mein Name ist Maria Luisa Parodi. Ich bin die Tochter von Piera Sonnino, die die Shoah überlebt hat und vor drei Jahren gestorben ist. Meine Mutter hat ein Tagebuch geschrieben, das meine Schwester und ich seit langem aufbewahrt haben. Jetzt ist es Zeit (und bitte glauben Sie mir, dass der Prozess, mich von ihm zu trennen, schmerzhaft war und ist), wenn Sie es für angebracht halten, es zu veröffentlichen, damit andere daran teilhaben können.» Ein paar Tage später traf das Manuskript in der Redaktion ein.

Es hieß *Die Nacht von Auschwitz*, ein Titel, der einem heute auf den ersten Blick veraltet vorkommen mag, doch 1960 – Primo Levis *Se questo è un uomo* (*Ist das ein Mensch?*) war erst zwei Jahre zuvor erschienen – hatte der Begriff Auschwitz noch einen wesentlich neutraleren Klang. Es erschien dann ungekürzt in der jährlichen Sondernummer von *Diario*. Heute ist es ein Buch. Sechzig Jahre nach den geschilderten Ereignissen treten acht

Personen aus der Masse der Toten hervor, um Gestalt anzunehmen, eine Geschichte zu erzählen, mit Anfang und Ende. Dieser Geschichte kann nichts hinzugefügt werden, alles ist bereits in ihr enthalten. Man kann nur untersuchen, ob im Gedächtnis von uns Heutigen eine Spur davon zurückgeblieben ist.

Die Sonninos kommen am 28. Oktober 1944 nach Auschwitz. Am selben Tag werden Anne und Margot Frank, zusammen mit 1306 anderen weiblichen Gefangenen, nach Bergen-Belsen gebracht. Die Öfen laufen auf Hochtouren. Von den 196 Männern, die mit Piera im Zug sind, wird nur 59 Männern eine Nummer eintätowiert, die übrigen 137 werden sofort in die Gaskammern geschickt. Darunter sind Ettore, der Vater, und Paolo, der älteste Sohn, der bei der Musterung den Fehler begangen hatte, eine frühere Brustfellentzündung anzugeben. Roberto und Giorgio werden nur etwa einen Monat länger überleben. Der Ingenieur Corrado Saralvo, der im selben Zug nach Bozen gebracht wurde und der 1969 ein Buch mit seinen Erinnerungen an Auschwitz mit dem Titel *Più morti, più spazio (Mehr Tote, mehr Raum)* veröffentlichte, bezeugt in einem Brief vom 1. März 1946, dass Roberto und Giorgio Anfang November noch am Leben waren, bei leidlichem Gesundheitszustand. Hier der Brief in voller Länge:

Sehr geehrte Signorina Sonnino, nach Erhalt Ihres Briefes vom 25. vergangenen Monats beeile ich mich, Ihnen mitzu-

teilen, was ich bereits Ihrem Onkel sagte, der mich vor ein paar Monaten besuchen kam. Ich kann mich noch genau an Ihre gesamte Familie erinnern und so auch an Ihre Brüder, mit denen gemeinsam ich nach Auschwitz gebracht wurde. Ich war mit ihnen in Block 14 im Lager D. Ein paar Tage lang haben wir zusammen Waggons ausgeladen. Am 4. November kam ich dann in die Krankenstation von Block 14, weil ich mir infolge von Stockhieben eine Wunde am linken Bein zugezogen hatte. Ich wurde operiert und blieb im Krankenhaus, bis die Russen kamen. Ebenfalls im November habe ich zwei Ihrer Brüder gesehen, die wegen der Ruhr im selben Block wie ich behandelt wurden. Danach, im Dezember, wurde ich in die Krankenstation des Blocks 12 verlegt, und von da an begegnete mir keiner Ihrer Brüder mehr. Die beiden, die ich in Block 14 sah, wiesen zumindest damals keine Anzeichen einer tödlichen Krankheit auf, doch seit jener ersten Begegnung ist zu viel Zeit vergangen und sind zu viele Dinge passiert, als dass ich Ihnen Angaben machen könnte, die es Ihnen ermöglichen, sich ein genaueres Bild von ihrem Schicksal zu machen. Sosehr ich mir auch das Hirn zermartert habe, kann ich dem Gesagten nichts Positiveres hinzufügen. Ich hoffe, der Aufenthalt in Meran tut Ihnen gut und Sie werden bald als vollständig geheilt entlassen. Mit den besten Wünschen entbiete ich Ihnen die herzlichsten Grüße.

P. S.: Obwohl ich jegliche weitere Recherche mittlerweile als überflüssig erachte, möchte ich Sie bitten, mir das zu erzählen, was Sie über meine Frau Elena Segre Saralvo

wissen, eine hagere Blonde, die an Diabetes litt und mit
uns zusammen in Birkenau ankam. Leider ist sie wenige
Tagen nach der Ankunft im Lager verschwunden.

Der zweite Bruder, der sterben sollte, war Roberto, der widerstandsfähigste und gewitzteste von allen, wie wir dem zum Ende des Tagebuchs zitierten Brief von Simone Spritmann entnehmen. Giorgio, die tragischste Figur in dieser Tragödie, hält ein wenig länger durch.

Der Oktober 1944 ist ein ereignisreicher Monat in Auschwitz. Am 7. Oktober, zwanzig Tage vor der Ankunft des Konvois mit der Familie Sonnino, brach der wichtigste und heldenhafteste Aufstand aus, den es in dem Vernichtungslager je gegeben hat. Eine Gruppe von Juden und ein paar russische Gefangene aus dem Sonderkommando, das für die Vergasungen zuständig war, planten, die Verbrennungsöfen in die Luft zu sprengen, die Baracken anzuzünden und den Stacheldraht durchzuschneiden. Eine Massenflucht wäre die Folge davon gewesen. Vermutlich wegen Verrat flog die Sache auf. Schließlich wurden zweihundert an der Revolte Beteiligte erschossen, die Organisatoren kamen allesamt ums Leben, einige während der Kampfhandlungen, die anderen bei den anschließenden Folterungen. Es starben jedoch auch drei SS-Angehörige. Dies war der einzige Putschversuch von Seiten derjenigen, die den Auftrag hatten, die anderen Gefangenen umzubringen. Primo Levi schreibt in diesem Zusammenhang in *I sommersi e i salvati (Die Untergegangenen und die Geret-*

teten): «Die Juden selbst steckten die Juden in die Öfen; so sollte bewiesen werden, dass sie, die minderwertige Rasse, die Untermenschen, jede Demütigung hinnahmen, bis hin zur Selbstzerstörung. [...] Mittels dieser Institution wurde versucht, die schwere Schuld auf andere abzuwälzen, und zwar just auf die Opfer selbst.» Ein weiterer Putschversuch ereignete sich am 27. Oktober, am Tag vor der Ankunft Pieras und ihrer Familie. Einige Häftlinge, darunter Ernst Burger, der alle heimlichen Aktivitäten im Lager koordinierte, versuchen, in einem Lastwagen mit Wäsche nach Bielsko zu fliehen. Der Versuch misslingt, weil Johannes Roth, einer der daran beteiligten SS-Soldaten, sie verrät.

Dass in Auschwitz der Tod regiert, scheint Piera Sonnino sofort gemerkt zu haben. (Eine Zahl möge den wahnsinnigen Sterberhythmus verdeutlichen: Am 30. Oktober treffen 2038 Juden aus dem Ghetto Theresienstadt ein, von denen 1689 sofort in die Gaskammern geschickt werden.) Mit dem Eintreffen in Auschwitz gibt ihr Tagebuch präzise den Sturz in eine Dimension wieder, in der diese große Vernichtungsmaschinerie am Werk ist, in der jegliche Menschlichkeit abhanden gekommen und jede Hoffnung auf Licht in unerreichbare Ferne gerückt ist. Kaum ein anderer Bericht von Überlebenden reicht an die Intensität ihrer Worte heran. Der Text ist formal nicht in zwei große Abschnitte unterteilt, sondern in einzelne Kapitel. Die erzählerische Kraft formt jedoch zwei Teile daraus, lässt das, was sich vor der Festnahme ereignet hat, an der Mauer aus

Schlamm und Verwesung abprallen. Es gibt ein Vorher, in dem es noch möglich ist, Geschehnisse und Menschen auszumachen, und ein Nachher, in dem sich nur noch Gespenster bewegen.

Mit dem Tod der Schwester Bice verschwindet auch das letzte Fünkchen Menschlichkeit aus Pieras Wesen. Die Fähigkeit, Ereignisse aufzunehmen, sich an sie zu erinnern und Zeugnis davon abzulegen, geht an diesem Punkt verloren. Ohne Gedächtnis, scheint Piera Sonnino sagen zu wollen, hört man auf, etwas mit einem Anfang und einem Ende zu sein, mit einer Geschichte, und wird stattdessen zu einem Klumpen mit Sinneswahrnehmungen. Dass es in der unterirdischen Fabrik in Belndorf Frühling wird, nimmt nur noch der Körper wahr.

Das erste Bild Piera Sonninos nach der Rückkehr ist traurig und fröhlich zugleich. Einige Mädchen auf nebeneinander aufgestellten fahrbaren Liegen plaudern im Sonnenschein auf einer Terrasse. «Damals kurierte man Knochen-TBC mit Sonnenbädern aus», erinnert sich Carla Curti, die Piera in der Klinik kennen lernte. Fünfzig Jahre später sollte sie ihr in Gestalt des Berichts in *Diario* wiederbegegnen. «Meine Augen fielen auf die Titelseite der Zeitschrift: *Das vergessene Manuskript: Meine Familie wurde deportiert* von Piera Sonnino. Mein Herz ballte sich zusammen. Piera Sonnino. Plötzlich war ich wieder in einem Raum des Istituto Elioterapico Codivilla in Cortina, Ende Mai, Juni 1948», erläutert Signora

119

Curti in einem Brief, den sie gleich darauf schrieb, um die Erinnerungen an ihre Freundin festzuhalten. Tags zuvor hatten wir telefoniert: «Es war ein Mittwoch, ich weiß es noch, als wäre es gestern gewesen. Wir waren auf der Terrasse und sie fragte mich: ‹Was machst du heute Abend? Kommst du mich besuchen?› Wir mussten immer liegen und durften nicht aufstehen. Bis dahin hatten wir nur ein paar Worte gewechselt, doch die Tätowierung auf ihrem Arm war mir sofort aufgefallen. Sie war in der zweiten Etage untergebracht, bei den Reichen, denn ihr Onkel und ihre Tante waren wohlhabend. Und so ließ ich mich am Abend nach oben bringen. Das Licht im Raum war gedämpft, und mir fielen sofort die kleinen Fotografien auf dem Nachttisch auf. Es war auch eine Freundin da. ‹Carla, darf ich dir meine Freundin vorstellen?›, sagte sie zu mir und deutete dann auf die Fotos. ‹Das ist meine Familie, die ich nicht mehr habe. Wir waren sechs Geschwister, meine Mama und mein Papa. Nur ich allein bin übrig geblieben.› An jenem Abend erzählte sie mir alles. Ich hatte damals noch nichts von Auschwitz gehört. Die ganze Zeit redete nur sie. All die Jahre lang habe ich mich gefragt, was wohl aus Piera geworden war. Ich kann mich auch noch an ihren Onkel und ihre Tante aus Mailand erinnern, an die zierliche kleine Tante, die immer schwarz gekleidet war und ein Hütchen trug. Piera sagte, sie seien sehr anständig, aber ich glaube nicht, dass sie sich immer so gut betragen haben.» Da ist noch etwas, das Carla Curti nicht wiederholen möchte und das auch nicht aufgeschrieben werden soll, weil sie damit Pieras Vertrauen missbrauchen würde. Carla fragt Piera, wie sie auf Bices Tod reagiert habe. Piera antwortet: «Carla, glaubst du, wir hätten Gefühle gehabt? Was für Gefühle hätte ich denn haben sollen? Sie wollten uns zu Tieren degradieren. Als Bice starb, dachte ich sofort: Nachher esse ich ihre Kartoffelschalen.»

Fünf Jahre blieb sie in der Klinik. Im September 1950, sieben Jahre nach ihrer Festnahme, kehrte sie nach Genua zurück. Sie begann als Stenotypistin zu arbeiten und lernte Antonio Parodi kennen, den sie 1954 heiratete. Durch ihn kam sie zur Kommunistischen Partei Italiens, zum PCI. Bice, die ältere Tochter, beschreibt es so: «Papa gab Mamas Schmerz eine politische Dimension.» Onkel und Tante aus Mailand, die ihr in den Jahren der Rekonvaleszenz geholfen hatten, ihre einzigen Verwandten, die sie noch hatte, erklärten sich nicht damit einverstanden, dass sie Kommunistin wurde. Piera war wieder allein. Doch auch in der Partei ging es nicht so glatt. Luciano Degl'Innocenti, ehemaliger Kader des genuesischen PCI, gibt folgendes Bild von ihr aus den frühen fünfziger Jahren wieder: «Sie war eine schweigsame Frau, die ihren festen Platz innerhalb der Partei hatte, aber auch abseits stand. Es schien, als wolle sie nicht auffallen. Sie sprach nicht viel von dem, was sie durchgemacht hatte, es sei denn mit ihrer kleinen Gruppe, meistens jüdische PCI-Mitglieder aus Genua. Es war, als hätte sie sich eine eigene kleine Nische geschaffen.» Noch war nicht bekannt, wie viele Juden in den Vernichtungslagern ihr Leben gelassen hatten, ihre Zahl war Teil der sechzig Millionen Todesopfer, die der Zweite Weltkrieg insgesamt gefordert hatte. Degl'Innocenti weiter: «Vom Holocaust begann man erst Ende der fünfziger Jahre zu reden. Nicht einmal in der Partei wurde darüber gesprochen. Es war die Rede von den Vernichtungslagern in Deutschland, doch die Opfer schienen zu gleichen Teilen Zigeuner, russische Soldaten, Kommunisten oder Juden zu sein.» Außerdem herrschte der Einfluss Stalins vor, der in seinen letzten Lebensjahren die antisemitischen Elemente verstärkte, die seit jeher in Russland und in Stalins Politik von Bedeutung waren. Doch auch innerhalb des PCI brachte man den Juden Misstrauen und sogar Feindseligkeit entgegen. Degl'Innocenti bemerkt dazu: «Sie wurde nicht zur Ikone stilisiert, weil die Partei damals keine Ikonen akzeptierte, die nicht auf -ow endeten. Damals gab es Auseinandersetzungen zwischen zwei verschiedenen Flügeln, dem fortschrittlichen Flügel und dem der Arbeiter. Gerade war das angebliche Komplott jüdischer Ärzte bekannt geworden, die Stalins Tod geplant hätten, und es entbrannte eine hitzige Debatte zum Thema Judentum. Einige (vor allem die Extremisten des Arbeiterflügels) behaupteten, nur ein kommunistischer Jude sei ein guter Jude, sonst sei er ein Feind.» Wieder einmal reagierte Piera damit, dass sie sich abgrenzte, im Schatten blieb. Seit der Geburt von Bice 1954 verlegte sie sich ganz auf die Erziehung ihrer Töchter (1959 kam Maria Luisa zur Welt) und kümmerte sich fürsorglich um ihren Mann. Als dieser 1973 im Alter von nur fünfzig Jahren starb, widmete sie sich der Pflege ihrer Enkel Davide und Francesco. Von 1964 bis 1968 lebte die Familie Parodi in Ungarn, in Budapest, wo Antonio als Korrespondent für *L'Unità* arbeitete. Für Piera, die im Lager nach dem Tod ihrer Schwester Bice die einzige Italienerin unter siebenhundert ungarischen Glaubensgenossinnen gewesen war, bedeutete dies eine weitere Qual. 1999 starb sie. Ein Jahr zuvor hatte sie sich, bereits krank, von Chiara Bricarelli für Steven Spielbergs Filmdokumentation *Survivors of the Shoah* interviewen lassen. Der Schmerz beim Erinnern, die Mühe, präzise zu sein, sind so intensiv, dass sie während der zweistündigen Aufzeichnung alle Gefühle überschatten. Doch der mündliche Bericht deckt sich mit dem vierzig Jahre zuvor niedergeschriebenen. Auch hier ist Erinnerung gleichzusetzen mit Würde. Die Vergangenheit bewahren, sie mit sich zu führen, um sie schließlich an andere weiterzugeben: Es ist die einzige Fähigkeit, die den Menschen zum Menschen macht.

Foto: Monika Paulick

Imre Kertész. Nobelpreis für Literatur 2002

«Wenn man mich fragte, was hält Sie noch auf dieser Welt, was hält Sie am Leben, ich würde ohne zu zögern antworten: die Liebe.» *(Rede zur Verleihung des Nobelpreises)*

Die englische Flagge
Erzählungen. 3-499-22572-7

Fiasko
Roman. 3-499-22909-9

Galeerentagebuch
Roman. 3-499-22575-1

Eine Gedankenlänge Stille, während das Erschießungskommando neu lädt
Essays. 3-499-22571-9

Kaddisch für ein nicht geborenes Kind
Roman. 3-499-22574-3

Ich – ein anderer
Roman. 3-499-22573-5
In Reisebildern, in Erinnerungsmomenten einer fast entrückten Kindheit, in erzählten und geträumten Geschichten, in Wahrnehmungen, die ins traumatisch Visionäre umkippen, hält Imre Kertész einen existenziellen Epochenwechsel fest – erfahrungsbereit, erschüttert, ungläubig.

Roman eines Schicksallosen
«Kertész hat mit sparsamsten Mitteln eine Sprache gefunden, die vieles verschweigt, aber alles sagt. Da legt einer Zeugnis ab, für den Leiden und Leben identisch sind. Im Schmerz erfährt er Wahrheit. Im Unglück ahnt er so etwas wie Glück.» (Süddeutsche Zeitung)

3-499-22576-X